現代護理之母 南丁格爾

提燈天使，從搖籃到前線的愛與犧牲

Florence Nightingale

鄧韻如，方士華 編著

從建議建立皇家調查機構到創立護士學校，再到推動國際紅十字會的成立
她不僅是士兵們心中的守護天使，更是公共衛生和護理教育改革先鋒

她是「提燈女士」
——佛蘿倫絲．南丁格爾

目錄

目錄

目錄

生平介紹

佛蘿倫絲・南丁格爾（Florence Nightingale, 1820-1910），是世界上第一個真正的女護士，建立了世界上第一所正規的護士學校，開創了現代護理事業，是現代醫學護理教育的創造者。

南丁格爾自幼就懷有崇高的理想，她認為生活的真諦在於為人類做出有益的事情。做一個好護士，是她生平唯一的願望。為了這個夙願，她把自己的一生都獻給了護理事業。

1854 年克里米亞戰爭爆發，南丁格爾率領 38 名護士抵達前線。她在前線醫院健全管理制度，提高護理品質，竭盡全力排除各種困難，僅用了半年左右的時間，就使傷病員的死亡率由原來的 42%降至 2.2%，她的功績得到了大家的認可。由於每個夜晚她都手執風燈巡視病房，因此被戰地士兵稱為「提燈女神」。

1860 年，南丁格爾在英國聖湯瑪士醫院建立了世界上第一所正規的護士學校，這就是南丁格爾護士學校。隨後，她又創辦了助產士及經濟貧困的醫院護士培訓班，大量培訓現代護士，為護理事業的發展做出了重大貢獻。

1907 年，南丁格爾獲得英王頒發的功績勳章，隨後她又發起組織了國際紅十字會。1908 年，南丁格爾被授予倫敦城自由獎，以表彰她為護理事業做出的傑出貢獻和取得的突出成就。

1910 年 8 月 13 日，南丁格爾在睡眠中溘然長逝，享年 90 歲。她把一生都獻給了護理教育、護理改革和護理管理事業。她的一生是偉大的一生、光輝的一生。她逝世後，為了紀念她在護理工作方面所做出的傑出貢獻 5 月 12 日她的生日這一天被定為「國際護士節」。

南丁格爾不僅創辦了世界上第一所正規的護士學校，而且還著力於助產士及濟貧院護士的培訓工作。她在醫院管理、部隊衛生保健、護士教育培訓等方面都做出了卓越的貢獻，她當之無愧地成為護理教育事業的先驅。

南丁格爾還非常重視護理工作的訓練，認為訓練的重要意義在於使整個社會都知道護理工作是一種「技術」，並把它提高到「專門職業」的地位，因此，她被稱為「現代護理工作的創始人」。正是她的不懈努力使得護理人員的品德更加優秀，社會地位也隨之提高。

南丁格爾還提出了公共衛生護理思想，認為要透過社群組織從事預防醫學服務。她一生共培訓護士 1000 多人，主要著作有《醫院筆記》、《護理筆記》等，這些圖書成為醫院管理、護士教育的基礎教材，推動了西歐各國乃至世界各地護理工作和護士教育的迅速發展。由於她的努力，護理學成為一門科學。而國際護理業的發展，則始於南丁格爾時代。

南丁格爾克服重重困難，堅持自己的夢想，開創了護理業的繁盛時代，推動了人類的進步和發展。她以崇高的奉獻精神把一生都獻給了護理事業，為護理事業奮鬥終生。英國人把她看作是英國的驕傲。

1867 年，在倫敦滑鐵盧廣場，建立了克里米亞紀念碑，並為南丁格爾鑄造了提燈銅像，並把她的大半身像印在英國 10 英鎊面值紙幣的背面。

美國大詩人朗費羅為她作詩〈提燈女郎〉，讚美她的精神是高貴的，稱她是婦女界的英雄。

如今，全世界都以 5 月 12 日為國際護士節紀念她。南丁格爾被列為世界偉人之一，受到人們的尊敬。她的那盞燈，永遠照耀著護理界。

生平介紹

小天使降臨

1820 年 5 月 12 日，威廉．愛德華．南丁格爾和芬妮．史密斯這對年輕夫婦在義大利旅行的途中生下了他們的女兒。

為了紀念這一刻，母親芬妮決定給這個孩子取名為佛蘿倫絲．南丁格爾。但是，芬妮沒有想到，50 年後世界各地會有成千上萬的少女取名為佛蘿倫絲，以表示對這個女子的敬仰。這個在 1820 年還很罕見的名字，隨著歲月的流逝卻幾乎家喻戶曉。

在英文中，佛蘿倫絲的意思是「花城」，而他們的姓氏南丁格爾則是「夜鶯」的意思。夜鶯是一種會唱歌的鳥，牠在非洲過冬，到了春天，便飛到中歐各國來，每到夜晚，就輕輕地啼唱，伴著人們入夢。佛蘿倫絲．南丁格爾就是花與鳥的意思，寓示著美好和吉祥。

佛蘿倫絲．南丁格爾的父母威廉和芬妮兩人，在長相和智慧上，可謂郎才女貌。確切地說，他們都很聰明，也很漂亮。

不過，就年齡而言，他們兩人之間卻似乎並不是十分般配。因為芬妮比威廉整整大了 6 歲。1820 年，芬妮已經 32 歲，是個道地的貴婦人，她氣質高雅，容貌非凡，個性爽朗。

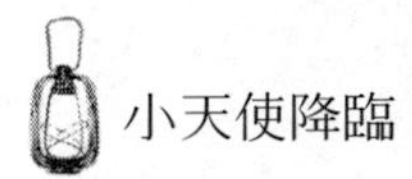

酷愛社交活動的芬妮，常常沉浸於各種宴會與歌舞中。在待人接物、家庭布置、籌備宴會等諸多方面，她有著超乎常人的見解和修養。她簡直就是個行家裡手，足以讓那些雖有野心卻呆頭呆腦的女人望塵莫及。

芬妮的這些才華與修養，與她高貴的出身和良好的家庭教養密不可分。她的祖父塞繆・史密斯，在當時是個有名的英國富商，而且還是個稱職的慈善家。他為人正派，樂善好施。她的父親威廉・史密斯，也繼承了上一輩的品格和性格，並且酷愛名畫，甚至到了視其如生命的地步。為此，他總是不惜重金，四方索畫。他一生中的不少時間，都花在這件事情上。

除此以外，威廉・史密斯經常擠出大量時間，為那些家庭貧困、力量弱小的人打抱不平。他在英國下院任議員 46 年，工作踏實勤奮，贏得了大家的信任和支持，很快就成為革新派中的首領，這使得他獲得了更大的權力和機會為那些窮苦的人們伸張正義。同時，威廉・史密斯在猶太人中也很有威信。他反對民族歧視，並為猶太人獲得分內的權利進行過多年的努力。

當年，芬妮同威廉一直有著良好的交往。不過，當他們二人的感情發展越來越快，準備訂婚的時候，史密斯家族卻反應冷淡。他們並不看好威廉的前途。史密斯家族自稱很早就「看穿」了威廉，並提醒芬妮不要過於魯莽，但芬妮並不聽勸。

芬妮記得她和威廉初識的時候，威廉正在讀中學，是個十分不起眼的男孩，總愛靠在爐邊或門邊站著，從不喜歡安靜地坐著。

威廉在 21 歲時，繼承了一筆年收入七八千英鎊的財產。不過，威廉並沒有坐享其成，而是發憤讀書，並最終獲得了去劍橋大學念書的機會。他在劍橋大學念書時，雖然不太用功，但他的聰明機智，使他在同學中間頗具名聲。他的外貌也變得英俊迷人，尤其是他穩重而冷靜的態度，更是魅力十足，一副風度翩翩的藝術家派頭。誰也想不到，成長竟帶給他如此大的改變。

但這時，芬妮的家人仍然不能接受威廉，在史密斯家族的人看來，威廉不是個勤奮果斷的人，做事也不夠積極踏實，所以認為他不適合做芬妮的終身伴侶。

然而芬妮不顧家人的反對，毅然與威廉結婚，還到了國外，並在義大利的那不勒斯生下了他們的第一個女兒芭茲娜普。

芬妮很自信地認為她可以改變威廉，使他成為一個溫文爾雅的紳士，並在上流社會中占有一席之地。為此，他們購置了一套豪華的大房子，並熱衷於對藝術的追求，還經常設宴款待名流貴族。

1821 年，南丁格爾 1 歲的時候，他們全家回到了英國，暫時住在位於伍斯特郡的故居。

伍斯特郡風景優美，恬靜舒適，這對於小孩子的成長來說是十分不錯的環境。但是這裡的冬天卻出奇的冷，只住了一個冬天，孩子們就都染上了支氣管炎，加上伍斯特郡的家空間狹小、寢室太少，於是他們決定搬家。

1825 年，威廉在英格蘭南部的罕布夏附近買下了位於恩普利的一棟房子。這棟房子是喬治王朝末期的建築物，距倫敦不遠，也很靠近芬妮兩個姐妹所在的地方。和遠離人煙的伍斯特郡比起來，恩普利是個被溫暖包圍的地方。於是，從此以後，南丁格爾一家人就在這裡安居了，日子過得舒舒服服。

芬妮的生活幸福而平順，但她心頭最放心不下的就是小女兒南丁格爾，因為南丁格爾太內向了。他們已經將芭茲娜普簡稱為芭茲，也很習慣地把佛蘿倫絲簡稱為佛蘿。佛蘿雖然沒有母親那樣美豔，但也是一個容貌出眾的小美人。她有一頭柔亮濃密的褐發，大大的灰眼睛，一張清秀柔和的臉龐，更擁有其他孩子少有的恬靜。

南丁格爾小的時候就表現出很強的獨立性，她從不依靠別人。當父親威廉帶著姐妹倆散步的時候，姐姐芭茲總是緊緊地抓住父親的衣角不放，而南丁格爾則擺動著雙手跟在後面不甘落後，她的樣子就像笨重的企鵝，經常惹得全家哈哈大笑。

南丁格爾家中有供孩子們嬉戲的大院子，也有許多貓狗之類的小寵物，但這些都無法滿足南丁格爾幼小心靈的需求。

幼時的南丁格爾，不易與人相處，固執而內向。在父母的寵愛下，她內心總有一種優越感，認為自己和別人不同，更不喜歡和陌生的小孩子做朋友。

但是，和許多富有想像力的孩子一樣，南丁格爾喜歡編織夢想。有時她可以靜靜地坐上好半天，一頭栽進自己的幻想世界，把自己想像成故事中的女主角，隨著故事情節的發展時而高興，時而憂傷。

懷抱愛心的少女

南丁格爾幼年的時候，非常喜歡小動物，小動物們受傷後，都會受到她的精心照顧和呵護。

有一次，牧師先生帶著小南丁格爾外出玩耍，他們騎著馬在綠油油的草原上馳騁著。

「咦？」南丁格爾突然拉住馬韁，向四方張望。牧師也立刻讓馬放慢了腳步，回過頭來問：「怎麼啦？南丁格爾？」

南丁格爾回答說：「今天怎麼沒看見卡布呢？」她的眼光仍向四周搜尋著，接著又說：「每次我到這裡騎馬，卡布都會追過來啊！」

卡布是一隻狗，是牧羊人洛吉的好幫手。

「是啊！自從我們到這裡騎馬以來，我還是頭一次看見洛吉獨自放羊呢！」牧師指一指站在不遠處放羊的洛吉，對南丁格爾說，「我們去問問洛吉吧！」

於是，兩人一起奔向牧羊人洛吉那裡，洛吉發現了他們，親切地招呼：「牧師、小姐，你們好啊！」

牧師勒住馬韁說：「洛吉，辛苦了！怎麼沒看到卡布啊？發生了什麼事嗎？」

洛吉神情黯淡，心裡很難過地說：「謝謝你們的關心，附近的頑童扔石頭，打傷了卡布的腿骨，現在牠還趴在小屋裡。看牠痛苦的樣子，我真是不忍心啊！」洛吉嘆了一口氣，接著說，「小姐、牧師，我真想索性把牠弄死算了。」

「弄死牠？不，不，那太殘忍了。」南丁格爾驚叫著，並且哀求說，「你千萬不能那麼做啊！」

「是啊！洛吉，你應該再仔細檢查一下卡布的傷勢，看看牠的腿是不是真的斷了？」牧師以前學過醫術，所以他這樣建議。

「我想是斷了，牠被石子打中後，腳就不能著地了，如果我弄死牠，或許還好受些。」好心腸的洛吉含著眼淚說。

「我們去看看卡布吧！」南丁格爾和牧師離開了洛吉，朝小屋的方向走去。

「卡布！卡布！」南丁格爾一邊愛憐地叫著狗的名字，一邊輕步地走進小屋子裡。

「嗚……嗚……」卡布看見他們，高興地搖著尾巴，拖著瘸了的腿，跳到南丁格爾的身邊。南丁格爾歡喜地蹲下身子去撫摸卡布的頭。

牧師馬上檢視卡布的傷勢，牠的腿果然腫得很厲害，稍微一碰，牠就痛得跳起來。

「真的斷了嗎？」南丁格爾關切地問。

「不要緊，只是外傷，骨頭一根也沒折斷，只要細心地治療，幾天後就可以走路了。」牧師肯定地答道。

南丁格爾聽了，興奮地抱住卡布說：「太好了！卡布，你可以活下去了！」接著她又問牧師：「應該怎麼治療呢？」

「用熱敷替牠消腫就可以了。」牧師胸有成竹地說。

「什麼是熱敷？要怎麼做？」南丁格爾詫異地問。

牧師望著南丁格爾，微笑地說：「這很容易。敷治法有熱敷和冷敷兩種，我想卡布應該用熱敷比較適合。你先拿塊布放在熱水中浸泡一下，然後擰乾，敷在卡布受傷的地方，重複幾次，牠的傷腫就會退了。」

牧師話剛說完，南丁格爾就馬上撿來了枯枝草葉，生火燒水，再找來一些碎布，照著牧師的話做了。

之後幾天，南丁格爾都來看護卡布。一星期後，卡布已經痊癒，可以幫助洛吉看護羊群了。

「這都是小姐救了牠的命，我本來以為沒希望了呢！」牧羊人洛吉高興地撫摸著卡布的頭，向富有愛心的南丁格爾道謝。卡布也像懂得感恩似的，「汪汪」地叫個不停。

南丁格爾不僅對小狗有愛心，她的愛心還表現在與許多其他動物建立的深厚友誼上。

南丁格爾 5 歲的時候，住在伍斯特郡。這所新房子的環境很不錯，它坐落在草原上，房子的四周開滿了五彩繽紛的花，房子的前面還有一大片牧場和蒼鬱的森林。

南丁格爾很喜歡住在這裡，因為她在這裡結交了許多好朋友。

首先是森林裡的松鼠。南丁格爾每次到森林裡玩耍時，總不忘在口袋裡放些松鼠最喜歡吃的核桃。她一路走，一路丟核桃給小松鼠們吃。膽小的松鼠起先還很害怕，但沒多久就發現南丁格爾並沒有敵意，便和南丁格爾混熟了。到了後來，只要南丁格爾一來到森林，松鼠就會跳下來等她丟核桃吃，有時候，甚至跳到她的肩上去。

在草叢中做窩的麻雀，也是南丁格爾的好朋友。

有一次，南丁格爾去探望麻雀，結果卻哭著一路跑回了家。

「怎麼啦？佛蘿！」姐姐芭茲關心地問。

「不知道誰那麼壞心腸，把麻雀的窩弄壞了。麻雀媽媽剛生了蛋，馬上就要孵蛋了，這可怎麼辦？」南丁格爾邊哭邊說。

芭茲為南丁格爾擦去眼淚，安慰她說：「原來如此啊，我還以為什麼事呢！佛蘿別哭了，別人知道了會取笑你的，何況麻雀還會重新做窩的，別傷心了！」

「真的嗎？但是，這到底是誰的惡作劇呢？」南丁格爾氣呼呼地問。

「大概是野狗吧！」芭茲回答。

南丁格爾大吃一驚：「太可怕了，姐姐，我乾脆把那些蛋拿回家來，好不好？」

「拿回來幹什麼？」

「在家裡孵呀！」

「誰來孵呢？」

「我啊！」南丁格爾很認真地說。

芭茲忍不住大笑道：「就算你是麻雀的好朋友，也不能替牠孵蛋啊！蛋只有在母鳥的羽毛下才能孵出來的！別愁了，麻雀們自己會再找個安全的地方，把小鳥孵出來的。」

經芭茲一再安慰，南丁格爾才破涕為笑。但她還是一心記掛著這件事，半夜醒來，她也會想：「那麻雀不知道怎麼樣了？」可見南丁格爾是多麼的善良啊！

不僅森林和野外的動物們是南丁格爾的好朋友，家裡也有她的好朋友，那就是老馬佩姬。佩姬實在太老了，不能工作，差點兒就被賣掉了，可是南丁格爾卻要求說：「佩姬辛苦了一輩子，終於可以休息了，我們怎可以因為牠年老，就把牠賣掉呢？還是留下牠吧！」

家中傭人都暗自取笑，南丁格爾卻不在乎，每天早晨，她都要去看佩姬。佩姬好像也有靈性似的，每次聽到南丁格爾的腳步聲，就會走到馬圈的門口，歡迎這位小主人。

「早啊！佩姬，你好嗎？」南丁格爾一邊微笑地說著，一邊用手撫摸牠的長臉，佩姬親熱地把臉貼近南丁格爾。

「佩姬，我給你帶好東西來了，你找找看。」這匹老馬愛吃蘋果，看到蘋果便大嚼了起來。

南丁格爾見佩姬大嚼蘋果的樣子，就高興地離開了，接著去看她的另一群動物們，那就是家裡的豬啊、羊啊，還有那隻小貓咪，她都很小心地善待牠們！

因父母喜歡交際，南丁格爾的家裡，每天總是高朋滿座。芭茲喜歡在客人之間蹦蹦跳跳和撒嬌；而南丁格爾卻喜歡偷偷溜出去，找她那些動物朋友們玩耍。

偶爾，南丁格爾來到客廳，芭茲就會得意揚揚地為客人作介紹：「我這個妹妹，有許多特別的朋友呢！」

客人微笑：「哦，是男孩還是女孩？」

「嘿嘿……」芭茲神祕地說，「都不是！」

南丁格爾抿著嘴，低著頭，一句話也不說。客人覺得莫名其妙，芭茲「撲哧」一聲笑出來，說：「佛蘿的朋友是老馬佩姬、森林裡的松鼠，還有麻雀、羊、豬、貓和狗……怎麼樣？你們看，是不是很特別？」

客人這才明白，他們摸著南丁格爾的頭說：「像你這種年齡的小孩，大都喜歡虐待動物，想不到你竟然是一個這麼富有愛心的孩子，真是難得！」

愛學習的孩子

1826 年，南丁格爾 6 歲了，父親威廉為她和姐姐芭茲請了一位高水準的家庭教師克里斯汀小姐。於是，姐妹倆開始學習各國的語言、歷史、哲學、小說、詩歌、數學、心理學、音樂、繪畫、禮儀等。

克里斯汀小姐發現姐妹倆的理解能力都很強，反應靈敏，記憶力又好，但是相比較而言，南丁格爾比芭茲更優秀。

芭茲覺得自己無論容貌還是頭腦都比不上佛蘿妹妹，心裡很是難過。

後來，克里斯汀小姐要結婚了，不得不結束了威廉家的家庭教師工作，這使得南丁格爾很懊惱。老師的離開，使得原本內向的她更加孤獨。

而要想再找適合這兩個女兒的家庭教師，並不是件容易的事，威廉夫婦他們所要求的是既要有高超的知識水準，還要有高尚的品德。但一時間也沒有合適的老師，所以，威廉決定親自教育這兩個女兒。

在學習上，威廉負責指導各國語言和歷史、哲學。父親的課程緊湊而嚴格。芭茲因為無法忍受長時間坐在桌前埋首於艱澀的希臘文之中，於是有了厭煩心理，經常藉故跑開，到外面去找玩伴或者逃到母親身邊。而且她還發現，與父親相比，她和母親的共同語言似乎更多一些。

南丁格爾和父親則很能談得來，兩人對事物的看法往往有契合之處，她的個性也較沉穩，喜歡思考抽象的事物。芭茲看到父親和妹妹感情融洽，心裡很不高興。

接受父親的知識教導後，姐妹兩人的差異就逐漸突顯出來。於是家中抽成兩個小集團，芭茲和母親常常在客廳，南丁格爾和父親卻常在書房。

母親總是為一些瑣事忙碌。她一會兒要裝飾房間，一會兒要插花，更要不斷和朋友交際，還經常和家人通訊。對南丁格爾來說，這些都是浪費時間的事情。她曾經說過：「我不能忍受為了無意義的事情而浪費時間，我只喜歡做有意義、有價值的事情。」

南丁格爾的學習成績一向很出色。她通讀了英國史，讀了大量的小說和詩，學習了數學、心理學，對於藝術和各國語言，諸如法語、德語、義大利語、拉丁語、希臘語等也都有所了解。當時這樣的知識程度，在少女中是極其少見的。

南丁格爾在不到 10 歲時就能用法語來寫日記，並堅持了兩年以上，日記上的字也寫得十分整齊。日記的封面寫著「拉·

威·德·法蘭斯·曼西紐」，法語的意思是「夜鶯的傳記」。這本法語日記表明，南丁格爾很希望自己是一隻可以自由飛翔的小鳥。

在讀書的過程中，南丁格爾還經常寫些筆記，將讀書心得和有關疑問記錄下來，偶爾還寫下自己對生活的反省等。這顯示出她很早就開始對社會、對人生進行觀察和思考。

南丁格爾還給自己最喜歡的人，如父親、梅雅莉、表姐西拉麗等人寫信。她從不像芭茲那樣寫充滿客套話的信，而是寫自己的真情實感。

威廉在教育過程中發現，南丁格爾還熱衷於討論政治問題，比如，哪位先生適合做本屆首相。他總是對南丁格爾的觀點進行中肯的評論，使南丁格爾的見識更進一層。在威廉心中，這個女兒有點兒與眾不同。

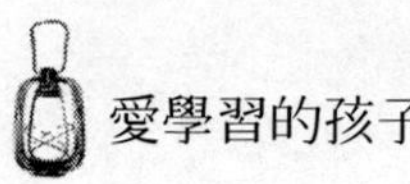

追隨內心的呼喚

南丁格爾的母親芬妮雖然愛慕虛榮、崇尚上流社會的奢華生活，但對周圍的窮苦百姓也充滿了愛心和同情。她常常帶著兩個女兒到鄉下去，接濟窮人，給他們一些食品或衣服。

對於這些活動，南丁格爾始終很熱情。每次去鄉下，她總是興致勃勃地幫著母親提東西。有時，細心的南丁格爾在家就問清楚要去的那家共有幾個人，需要多少食物。如果發現準備得不是很夠，就會讓家中的僕人再多做一些，或者乾脆把自己的甜點、水果拿出來。

有時，母親雖然說了要去某某人家裡探望，但到了約定的時間卻又忘記了，或者忙於接待家裡的貴賓而無法脫身，此時的南丁格爾就會深感歉意。如果不是很遠，她就會為母親代勞。

跟隨母親去鄉下，使得南丁格爾有機會跳出舒適、安逸的小溫室，觀察到社會的另一面，那就是窮人的世界。那些光線昏暗、通風不良的小屋子，那些難以下嚥的粗糙乏味的食物，那些破爛不堪、難以遮體的衣服，那一張張因飽受勞苦而提前衰老的臉龐，使年幼的南丁格爾感到震驚和難過。

南丁格爾在日記中寫道：「有一個和我們完全不一樣的世

界，那就是辛苦勞作的窮人們。當富人在喝茶、跳舞、舉辦華麗鋪張的宴會時，他們卻在那兒幹著最髒最累的活。他們的一切都遠不如我們，我們丟棄的娃娃，竟是那些窮孩子夢寐以求卻得不到的珍貴禮物，這真是令人難以置信啊！」

在伍斯特郡，南丁格爾有一個名叫菲爾丁的玩伴。他教給姐妹倆許多關於植物、動物的有趣知識，他可以稱得上是南丁格爾姐妹的小老師。

菲爾丁從來沒有讀過書，可是小傢伙很聰明，南丁格爾很替他感到惋惜。她曾說服父親，讓菲爾丁跟她一起讀書，可是菲爾丁的父親在煤礦裡受了傷，癱瘓在家，需要人照顧，而且家裡又有幹不完的工作，因此他很少能和姐妹倆一起讀書。沒辦法，南丁格爾只好在菲爾丁有空的時候幫他學習，但菲爾丁的閒暇時間實在是太少了。

夏天結束時，南丁格爾全家要離開伍斯特郡回恩普利，南丁格爾給菲爾丁留下了書和本子，希望他能夠繼續學習。

然而第二年夏天，南丁格爾一家人再來到伍斯特郡度假時，菲爾丁面對南丁格爾關切的詢問卻支支吾吾，很顯然，他沒有條件好好學習。

第三年，南丁格爾回來時沒有見到菲爾丁，便急忙跑到他家去詢問，得知他已經到煤礦區幹活了。

第四年，南丁格爾再回來時見到的只是一座小小的墳墓，因為菲爾丁已經死於一次煤礦爆炸事故。

南丁格爾傷心地哭了。整個夏天，她幾乎每天都要採幾束野花去菲爾丁的墓前和他說說話。那一年，可憐的菲爾丁才13 歲。

在恩普利，芬妮還要抽空照料一些病人。一般是受牧師的委託，定期看望家附近的患者和孤寡老人，盡一些教友的義務。南丁格爾跟著母親隨訪，觀察到飽受折磨的病人，她對他們的處境十分同情。這是她與病魔和患者最初的接觸，成年後仍常常回想起來，也許這就是她最終選擇做護士，傾其一生為病人服務的初衷。

這段時間，南丁格爾親眼看到了貧窮、疾病、無知和缺少關懷給人帶來的痛苦和危害。有的人起初只是得一點兒小毛病，可是因為沒有錢及時醫治，最後拖成了不治之症；而有些人的病純粹是因為不良的生活習慣造成的。這些人不幸染上了病，不知不覺中傳染給家人，最後被家人無情地拋棄。

威廉和芬妮都是虔誠的新教教徒。受父母的影響，南丁格爾小時候就生長在濃郁的宗教氛圍中，她長期保持著閱讀《聖經》的習慣，潛心汲取其中的教義，並經常在內心裡和上帝交流，也經常寫日記，記錄一些與上帝交談的內容。

在 19 世紀的英國，這並不是很奇怪的體驗。不少有條件讀《聖經》並注重內在精神生活的少女，都願意誠心誠意地遵守《聖經》的教誨，每天禱告，常常在想像中「看到」上帝的形象，「聽到」上帝的交談，感到上帝在引導自己的思想和行為，認為「上帝要我這樣做」。

南丁格爾也一樣，在快滿 17 週歲時，她感到自己清楚地聽到了上帝的聲音。在 1837 年 2 月 7 日這天的日記上，南丁格爾曾寫道：「我分明清晰地聽到，神在招引我去侍奉他，我認為這是愛心的召喚。」

但是，這次，南丁格爾並沒有聽到上帝安排她具體做哪件事。也許是因為她還沒有做好準備，還不能勝任。她在心中思索了很久。神的這次召喚既朦朧又令她神往，她的內心充滿了驕傲、神聖而又矛盾的感受。

歐洲遊憩的快樂時光

夏天過去了，院子裡的紅葉隨風飄舞，充滿了秋天的氣息。南丁格爾一家決定外出旅行。1837 年 9 月 9 日，南丁格爾全家坐上由威廉親手設計的馬車前往義大利旅行。

這是一個陽光明媚的早晨，南丁格爾和姐姐芭茲都坐在車頂，欣賞著沿途的美景。駕馬車的人一路哼著輕快的歌兒，馬鞭揚在空中，發出「咻咻」的聲音。車子在筆直的道路上緩緩前進。他們的日程非常的隨意，覺得哪個地方不錯，就停下來小住一段時間。

南丁格爾陶醉在旅行的喜悅中。在以哥德式大聖堂聞名的查爾崔斯市區，整整一個晚上，她都坐在窗邊，沐浴在月光中，痴迷地望著朦朧的夜色，腦海中不斷浮現出各種美麗的傳說，此時她已沉浸在浪漫的夜色裡。

旅途中，南丁格爾總是比芭茲起得早，睡得晚，也不怕日晒雨淋使皮膚變粗糙。而且每天晚上她都堅持寫旅遊日記，將當天出發和抵達的時間、經過的路線、一天的見聞感受等記錄下來。她還不停地給關係親密的表姐西拉麗寫信，與她分享旅行的新奇與快樂。

12 月中旬，全家來到法國南部的城市尼斯。

尼斯有英國人的住宅區，那兒經常舉行舞會和音樂會。此時，在南丁格爾的日記中已經看不見對月光和風景的描述，取而代之的是熱衷於跳舞的她。在給表姐西拉麗的信中，也頻頻出現各類的新名詞及不同於以往的語氣。

1838 年 1 月，當他們要離開尼斯的時候，南丁格爾感到依依不捨，一路上再也無心欣賞海濱的美麗風光，只是一個人默默地回憶著舞會上歡快的時光。

5 天後，他們到達了義大利的熱那亞。這個城市以它瑰麗的宮殿、歌劇院、華美的噴泉和雕像著稱，被譽為「全歐洲最壯麗的都市」。南丁格爾在日記中記述著，全世界的都市中，她最喜愛熱那亞，因為那裡好像是天方夜譚的夢幻城市。

南丁格爾一家，在舉行了一場告別晚宴後，離開了熱那亞，前往南丁格爾的出生地威尼斯。這座文藝復興時期的名城，由於當時領主的自由主義政策，使之同時擁有上流的社交界和高水準的學術界。

南丁格爾一家人住進了一家大飯店。芬妮和威廉各有自己的社交宴會和學術聚會。南丁格爾和芭茲也由此增長了見識。她們還參加過領主所邀請的舞宴，南丁格爾在舞宴上頗受矚目。

在那段時間，南丁格爾成了音樂迷。這裡擁有全歐洲最著名的歌劇院。南丁格爾將歌劇視為自己的生命並說服母親每週帶她去歌劇院 3 次，最後甚至央求每晚都要去。

除了陶醉於欣賞歌劇的喜悅中，南丁格爾還耐心地記下心得，列表比較歌劇中的歌詞和劇情。她的內心渴望抓住具體的感受。她用這種客觀性的比較方法，將自己抽象的情感記錄下來。

南丁格爾在義大利不僅享受到音樂的愉悅，還感受到了義大利渴望自由的熱情。當時的義大利是在維也納會議中被割讓給奧地利的，處於被奴役狀態。全國人民迫切渴望自由。對南丁格爾而言，「為義大利的自由而奮鬥」的口號，不僅是單純的政治意識，還是一種信仰，一股正義對抗黑暗的力量！

母親芬妮在小時候就認識威尼斯的名門，即亞連家族。其家族中的芬妮．亞連是女權運動的先驅者，她的妹夫是義大利歷史學者西斯門地。威廉借與亞連家的交往，和西斯門地成為要好的朋友。

1839 年，南丁格爾一家人到日內瓦拜訪了逃亡至此的西斯門地。

由於當時的奧地利政府決意要根除義大利爭取國家獨立的思想，義大利所有的知識分子都意識到自己身邊的危機，因此有許多作家、詩人、科學家、教育家、史學家，紛紛越過國境，不斷逃往瑞士。

當南丁格爾一家到達日內瓦後，他們所面臨的是一個充滿處於貧困境地的逃亡知識分子的世界。日內瓦，有著與以往任何城市所不同的氣氛。

此時的南丁格爾心中的華麗舞會和宮廷美景都已消失。在日內瓦的所見所聞，使她的心靈受到震撼，進而成為西斯門地的信徒。

西斯門地的相貌雖然醜陋，但卻有著超凡脫俗的性格和談吐。對於任何有生命的人或物，都懷有一份愛心和慈悲。這使得素來喜愛幫助弱小生物的南丁格爾很受感染。

以前，南丁格爾常隨母親到農村布施窮人。她在日記中寫道：「那些辛苦勞作和站在道路旁的窮苦孩子們，他們究竟有沒有到學校去上學呢？而那種在恩普利時，我母親所做的照顧工作，在這個城市裡是誰在做呢？」

南丁格爾經由西斯門地的引介，結識了不少義大利解放運動的名人。

威廉很希望能夠長久地留在日內瓦，因為這裡的教授學人集會是他最樂意參加的事。可是，恰在這時，日內瓦瀰漫起不斷高漲的緊張氣氛。那時因為法國政府要求瑞士政府將前往探視母親的路易·拿破崙引渡回國，遭到了瑞士政府的拒絕，法國決定向日內瓦進軍，戰爭一觸即發。

南丁格爾一家就在這種緊張的氣氛中匆匆離開日內瓦，前往巴黎。

戰爭的危機在幾天後就解除了，原因是英國出面進行了調停。後來，路易．拿破崙離開瑞士，前往英國居住，而法國也首肯了這項協定。

日內瓦的市民在知道這個訊息後，高興地跑到街上唱歌跳舞，互相擁抱。這一訊息，使得在旅途中的南丁格爾深受感動。

在給表姐西拉麗的信中，她寫道：

如果一直躲在與歐洲大陸相隔一道海峽的英國內地，那麼世界上的任何改革和變化，對我而言，就只像遠方結束的暴風雨聲。

第二年秋，南丁格爾一家到達法國。

由於威廉提議在巴黎停留 4 個月，一家人就在萬冬廣場包租了一套豪華房間。餐廳裡有裝著鍍金邊框的大鏡子，有絲絨帷幔；客廳裡全是華麗的錦緞和用烏檀木製作的珍品櫥。

芬妮很想參加巴黎知識名流的社交，她從妹妹那兒得到一封介紹信，是給巴黎社交界的名人瑪麗．克拉克小姐的。芬妮對這封信抱有很大希望。

克拉克小姐，是巴黎上流社交圈中的一位傳奇女性。她既不以財富權力出名，也不靠美貌取寵，卻在巴黎的政界文壇頗有人緣，每週五晚上，各界名流都會聚在她的公寓裡。

克拉克小姐的身材非常嬌小，有著一雙明亮清澈的大眼睛。她出身名門，喜歡與上流社會人士交往，特別是男性，因為她不喜歡女性的忸怩作態和喋喋不休。在她身上看不到流行的裝扮，也找不到所謂的女人味。

那時的婦女都把頭髮平散在腦後，克拉克小姐卻別出心裁，在額頭上蓬起了團團的捲髮。她的一位好朋友曾開玩笑說，克拉克小姐和他的約克州純種捲毛獵犬都光顧同一位理髮師。儘管這位小姐沒有所謂的女性魅力，但很多男子仍對她大獻殷勤，更有許多人想要娶她。

大名鼎鼎的作家夏多布里昂說：「哪裡有克拉克小姐，哪裡就不會寂寞無聊。」

克拉克小姐之所以能進入名流社會，很大一部分原因是她同克洛德．福里爾先生的友誼關係。這位福里爾先生是巴黎的一位著名的中古學者。

到 1839 年，瑪麗．克拉克同福里爾先生已有 17 年的友誼，他每天晚上都同她共進晚餐，而瑪麗．克拉克的聲譽仍純潔如故，無可指責。他們是摯友，而不是情侶。瑪麗．克拉克很愛福里爾，福里爾卻未曾向她求婚，而只是奉獻忠誠的友情。

南丁格爾一家，並非是令克拉克小姐感興趣的家庭，然而因為她特別喜愛小孩子，所以就邀請他們參加定期為兒童舉辦的宴會。

在接近聖誕節的一個下午，南丁格爾一家人到達克拉克小姐的寓所。房子裡傳來快樂的歌聲，許多兒童歡樂地歌舞著。南丁格爾馬上拉著裙角，愉快地加入進去，不再感到羞怯。

在克拉克小姐的宴會上，他們玩得十分盡興。她們不但和克拉克小姐成為好友，還因此結識了歷史學者科勞多・福尼爾和朱利亞士・摩爾。

瑪麗・克拉克喜歡威廉的優雅矜持、芬妮的美麗善良和芭茲的端莊文雅，尤其喜歡南丁格爾。南丁格爾一家親暱地稱克拉克小姐為「克拉琪」。同這位克拉琪小姐的相識，使他們一家在巴黎的旅居生活簡直成了狂歡節。

從此，芬妮便帶著芭茲和南丁格爾兩姐妹出入巴黎社交界的晚宴、舞會、劇場、音樂會及著名的雷卡米埃夫人的文藝沙龍等。而且她倆還見到了夏多布里昂，並有幸聆聽了這位作家朗誦自己的回憶錄。

南丁格爾簡直是欣喜若狂。她迷上了這位克拉琪小姐。當時，正有一位東方文學家朱利葉斯・莫爾痴情地單戀著瑪麗・克拉克。南丁格爾生平第一次觀察到了戀愛的奧妙。

這期間，南丁格爾獲得的極深刻的印象之一，就是克拉琪與福里爾之間的親密友誼。她注意到，克拉琪和福里爾是每天會面的。福里爾十分敬重克拉琪超凡的智力，他們彼此平等相待。尤為可貴的是，這種親密無間的友誼能為公眾稱道而絲毫未受到非議。

從這裡，南丁格爾開始獲得一種信念，她開始相信，男女之間不摻邪念、不引起非議的純真友情是可能的。這種信念後來就成為指導她畢生生活的準則。

1839 年 4 月，南丁格爾全家離開巴黎，向倫敦出發。

芬妮非常滿意此次歐洲之旅。她認為，南丁格爾的表現預示著在日後必定大有可為，因此她對南丁格爾更加關心，並以她為自己的驕傲，對她寄予了厚望。的確，當時著名的小說家嘉絲剋夫人曾這樣描繪南丁格爾：

高挑的個子，非常苗條；柳腰細眉，濃密的深褐色頭髮映著雪白柔嫩的皮膚，顯得特別標緻。

還有一雙灰色的眼睛，平常總是帶點兒憂愁似的低垂著，但當她睜大時，卻又炯炯有神，充滿著朝氣。一口潔白如貝殼的牙齒，常在微笑時輕輕開啟，蛋形的臉非常美麗動人。

黑色的衣服穿在她身上，顯得特別高雅，氣質非凡，就像是聖女般神聖不可侵犯。

是的，在眾多的舞宴上，南丁格爾清新淡雅的形象、不同凡響的談吐、出色嫻熟的舞技，使她成為頗受關注的角色，那個當年多愁善感、聰明伶俐的小南丁格爾已經成長為楚楚動人的南丁格爾小姐了。

這次在歐洲大陸的旅行持續了一年半以上，到旅行結束時，南丁格爾也將滿 19 歲了，已出落成了一個亭亭玉立的大家閨秀。

這次旅行對南丁格爾的成長非常重要。一路上，她被法國、義大利那些凝固的歷史所感動，對於自己沉迷於一種輕鬆、浮華的生活方式而後悔自責，總覺得自己應該做一點實事。

回國後，雖然南丁格爾仍置身於鮮花、香檳酒、舞樂和志趣高雅、風度翩翩的紳士淑女之中，沉浸在華美的名城與大自然的美景裡，但她的心靈深處卻似乎總有一個角落，警惕地與這一切保持著距離。

雖然人前她總是保持著矜持的優雅、迷人的笑容、如魚得水般的瀟灑自如，好像非常投入這種上流社會的生活，但是揹著人卻是愁眉緊鎖、朱唇緊閉，深深地陷入一種憂鬱和沉思之中。

南丁格爾發現自己越來越不喜歡這種氣氛了，感到裝出與這種環境相適應的輕鬆愉快真的很累。她經常在剎那間就陷入迷茫，彷彿靈魂已飛離她的身體，飄向未知的遠方。

特別是在參加女王維多利亞 19 歲生日舞會後，這種感覺越來越強烈，這使她的心裡更加迷惘不安。自從上帝在她 17 歲時第一次向她發出召喚以來，已經兩年多了，她始終不曾忘記那個神聖的時刻，並記得自己的心儀與神往，想想自己這兩年來的浮華生活，就像夢一樣，她在不停地自責中尋思著。之後，她在筆記中寫道，為了配得上做一個上帝的忠僕，首先要克服的誘惑便是「沉迷於社交界的慾念」。

生命旅途中的摯友

歐洲之行結束後，威廉先生因為見識了很多歐洲的一流建築，常常不滿於恩普利過於簡陋的房子，想把它改建成伊麗莎白時代豪華氣派的別墅。

新居落成後，芬妮就更多地在家中回請賓客，家裡總是熱鬧非凡。南丁格爾照樣一面應酬一面暗自神傷，不過因為在這類活動中結識了幾位重要的人物，她的看法也有所改變。這幾個人物在她以後的生活及事業中的地位和影響都是無可替代的。

其中之一是國會議院議員坦普爾及其夫人。坦普爾先生後來擔任英國首相，將南丁格爾視為老朋友並常常親自過問她的處境。在事業最困難的時候，政黨的渠道不靈，南丁格爾可以與這位首相保持直接聯繫，要求給予必要的「直通特權」，不過南丁格爾從來沒有為自己的私事濫用過這種特殊的關係。

還有一位是因參加社交宴會而認識的英國駐普魯士大使本生爵士，他是位富翁，也是歐洲著名的聖經學者，在考古學上也很有造詣。南丁格爾受到本生夫妻的青睞，經常被邀請至家中，和本生一起討論宗教和考古學。

南丁格爾和本生爵士之間的話題也很廣泛，但使南丁格爾印象最深刻的是古羅馬時代早期基督教徒冒著被監禁、燒死的生命危險，堅忍不拔地傳播自己信仰的歷史。本生爵士學問淵博、思想深刻，他用不凡的談吐將自己對某些問題的看法一一介紹給南丁格爾，使她受益匪淺。南丁格爾非常欽佩本生爵士的學問和智慧，願意與他討論這些問題，她將與本生爵士的這種交流視為愉快的精神食糧。

還有一位是在南丁格爾的個人感情生活中占有重要地位的理查．米爾恩斯。

1842 年的夏天，在一次晚宴中，南丁格爾經人介紹，認識了 33 歲的理查．米爾恩斯。當時的理查，是巴頓．米爾恩斯的獨生子，也是約克夏福利斯頓廣大土地的繼承人，活躍於倫敦的社交界。

英國小說家薩克雷曾評論他說：「這個人很善於把你不知不覺地引入一種很好的心境中去。」後來，南丁格爾也在回憶中對他這樣記述道：「他待自己所有的同胞如同兄弟姐妹。」

這個性情溫和、心胸寬廣的紳士常將對人類的愛心表現在慈善事業上。尤其在對少年罪犯服刑環境的改善上，他是不遺餘力的。

整個夏季，理查數次拜訪恩普利，他愛上了南丁格爾。當然，要追求南丁格爾，必須先成為其母親芬妮、父親威廉和姐姐芭茲的朋友。在他們前往伍斯特郡之前，理查已經和南丁格爾一家非常熟悉。

南丁格爾對理查也產生了愛慕之情，不僅因為他富有魅力的外表和交際本領，更因為他有一顆仁慈寬愛的心。理查經常為各項社會慈善事業慷慨解囊，救濟窮人。但是南丁格爾自己對於理查的追求不敢輕易動心，她把對理查的傾慕藏在心底。

就在這一年夏天，英國發生了罕見的大饑荒。城市和村莊一片貧瘠荒涼，到處是飢餓和髒亂，汙穢不潔的空氣瀰漫著倫敦城，疾病和搶劫事件在四處繁衍滋生。

有不少人為了能活下去就故意去襲擊警察，以便在監牢裡吃上「免費餐」。而為了活命，搶劫、偷盜乃至為一點小事就殺人的事也屢見不鮮。一時間，貧民收容所、醫院和監牢之中擠滿了人，不幸和淒涼流蕩於每一個角落。

南丁格爾在日記中寫道：

當我一想到人們的苦痛，就感到萬分的難過。這些困苦強烈地襲擊著我，使我的內心久久不能平靜。我不再以為世界猶如詩人讚美的那般光明美妙，因為我所看到的，是一個不安、貧困和疾病肆虐的世界！

這時，南丁格爾已經有所明白上帝的愛心召喚，那就是為人類服務，為悲慘的人們服務。但是，她還不特別清楚，具體採用什麼樣的形式。

這年秋天，南丁格爾拜訪了本生夫婦，並對如何更好地救援蒙受苦難的人進行探討。本生爵士在回答中提到了弗利德納牧師的事。

西道爾．弗利德納是德國普魯士的一位牧師，他和妻子在萊茵河畔的凱薩沃茲有一幢別墅。早在 1833 年，他們就把自己的別墅改建成一家慈善機構，辦起了醫院、育嬰堂和孤兒院，還設立了學校，專門負責訓練照顧貧窮病人的護士。他們認為，受過訓練的護士能夠更好地為窮苦病人提供看護服務，而且這些護士還可以成為婦女牧師的候選人。與本生爵士的這番談話，引起了南丁格爾的深思。於是，她決心將所有的心思放到窮人身上。

之後，南丁格爾開始向母親要食物和舊衣服，去救濟貧民。同時，她將一天中的大部分時間都用在幫助貧苦人上。芬妮原本是個樂善好施的人，但認為南丁格爾過於熱衷這類事，積極得不正常，南丁格爾不聽母親的勸阻，依然我行我素。因此，芬妮反對將南丁格爾繼續留在伍斯特郡，堅持要她一起返回恩普利。

儘管自己的所作所為不被家人所接受，但南丁格爾並不曾放棄，因為她已經在多年的摸索中漸漸明白了自己的選擇。她在給一位友人的信中這樣說：

不知為什麼，我的心靈，總是貼近那些窮人，尤其是那些因病痛的折磨而痛苦呻吟的人，我總是相信，正義和良知仍然存在；善良的神並非子虛烏有，他們仍和我們同住在一幢房子裡……我不願在自己的世界裡自得其樂。

有時候，我覺得很多富人就像路邊的盲人，看不到別人的疾苦，對他們的苦難毫不理睬。他們違背了上帝的意願。他們需要重新獲得視力，體恤不幸者內心的悲苦。

所以，我認為我們的社會理想應該是拯救所有的人，並非只是為了個人的幸福和榮華。只有善於利用生命的潛能和意義的人，才配與天使同列，無愧於世。

天使的定義是什麼？多年來我一直在苦苦地追問。如果天使只是播撒美麗鮮花的人，那麼無知、頑皮的孩子也可以稱為天使了。真正的天使，必須面向塵世的苦難，勇敢地肩負起沉重而必要的工作。

護士就像醫院的女傭，她們必須清除髒亂和汙穢，為病人擦洗身體，做人們厭惡、鄙視而又不願意給予感激的工作，但是我卻認為，這種有益於人類，使痛苦的人恢復健康的工作者才是真正的天使。

寫這封信時，南丁格爾終於認清自己的使命應該是在病人中間。這時，她已經 24 歲了，距聽到「神的召喚」已經 7 年了。

後來她自己也在日記中寫道：「我在 24 歲之後，對於自己要做什麼，要走哪條路，就不再有任何疑問了。」

痛苦掙扎的歲月

1843 年的一天，美國著名的慈善家塞繆爾．格利德利．豪博士夫婦來南丁格爾家做客。豪博士是美國著名的盲人教育家和啟智專家。南丁格爾一見到他，就被他誠懇的態度深深吸引，她覺得這個人一定能了解她的志向，便找了個機會，單獨向他請教。

「豪博士，你會不會認為像我這樣的年輕英國女性到醫院去服務，是件可怕的事情？你認為這種像修女一樣，為慈善事業而奉獻的行為，是不是不妥當？」

「恐怕是一件不太光榮的事情！」豪博士回答說。

南丁格爾聽了，臉上流露出絕望的神色。

豪博士慈祥地看著南丁格爾，又接著說：「至少在目前的英國，大家都這麼認為。不過，如果你已將此視為自己一生的天職，那麼，我鼓勵你走這條路。如此一來，你為他人奉獻，也完成了自己的義務，這是非凡之舉。我認為，身分高貴的婦女也可從事這個工作，你已選擇了自己該走的路，神會與你同在的！」

「豪博士！」南丁格爾不由得握住他的手，激動得熱淚盈眶。豪博士的話，就像一支興奮劑，給了南丁格爾千百倍的力量。

她堅定地告訴自己：「看護病人是我應該走的路，我不能退縮！」

但為了慎重起見，這件事她沒有向任何人透露半句。她甚至清楚地知道，「醫院」這個可怕的名詞，一旦由她說出，勢必會引起軒然大波。因為世人的成見實在是太深了。

於是，從這天起，親戚中有誰生病，南丁格爾就第一個跑去照顧，在看護病人的時候，她心中竟然萌生出一種從未有過的滿足感。但是一個護士應該具備的知識，她仍很缺乏。

沒過多久，南丁格爾就向豪博士請求，說：「讓我到醫院裡接受護士訓練可以嗎？」

豪博士知道南丁格爾對看護工作有興趣，當他聽說她要到醫院裡來實習時，卻猶豫起來：「我曉得你生在富豪之家，卻是個與眾不同的女孩子，我當然歡迎你來，不過，你的家人同意嗎？」

南丁格爾的家人當然不同意。母親聽了這個訊息大吃一驚，臉色蒼白，嘴唇微微顫抖地看著南丁格爾。然而南丁格爾眼神認真，熱切地望著母親，她明白母親難以相信自己的話，可是話已經說出，她就必須把它說完。

於是，南丁格爾勇敢地說出了自己的心聲：「我一直想徵求您的同意，但始終找不到機會。我的夢想就是將來成為護士，陪伴在病人的旁邊，照顧他們和減輕他們的痛苦，只有這樣的生活才能使我感到幸福與快樂。母親，如果您希望我能得到快樂，那麼就請您答應我的要求吧！」

說完，南丁格爾走到母親面前跪下，十指合攏放在母親的膝上，雙眼充滿淚水，望著母親。

母親愕然無力地坐著，握住那雙放在膝上的手，用顫抖的聲音說：「佛蘿，你究竟在說什麼？你心中到底在想什麼？我的孩子，南丁格爾家的千金小姐怎麼會想去看護病人？難道你還有什麼不滿意的？」

「母親，我心裡明白你們都很愛我，希望我幸福快樂，只是我們的思想差異太大了！你們給我最好的，雖然我感到由衷的喜悅，而我卻無法承受。我只想工作，只想找一份有益於人類的事來肯定我生命的價值啊！」

「你要去工作？要離開這個家？你是南丁格爾家的一分子，有身分、有地位、受過高等教育的名門閨秀，卻要離家到外面去工作？簡直是無理取鬧，如果外人知道了，豈不是天大的笑話？」

這件事會引起什麼後果，或別人心中會有什麼想法，南丁格爾比誰都清楚。

是啊，在她所處的時代，女孩子外出工作就會被人看不起，不管你的理由多麼神聖、多麼崇高，凡是到社會工作的女性就不會被人尊敬。那時候，淑女必須天天過著奢侈、豪華、悠閒及快樂的生活，否則她那高雅的氣質就培養不出來。

南丁格爾卻不以為然：「可是，母親！南丁格爾家的女兒為別人工作，貢獻自己的才能，有什麼不好呢？我出身於有名望、有財富的家庭，受過良好的教育，我更應該利用這些優厚的條件，來完成遠大的抱負，將我所擁有的完全貢獻給社會，這樣才不辜負上天的賜予……」

「你不要胡說了！像你這麼聰明高貴、人人稱讚的好女孩，腦袋怎麼淨裝著些可怕的東西？如果你想幫助別人，也不一定非要離開家去外面工作，你可以選擇適合我們身分和地位的做法，例如，慈善捐獻或博愛救濟等，同樣也可以達到救助貧苦的目的啊！你難道一定要去做丟人現眼的事，讓別人嘲笑，讓父母和親人蒙羞嗎？」

母親的話正是當時社會上傳統的觀念，所有的親戚朋友都不願意違反。南丁格爾的父母和姐姐也不例外。然而要順從陳腐頑冥的思想，也正是南丁格爾不幸的根源。

「你不要再說了，快點打起精神，拋棄這些汙穢的思想！」母親從悲痛中恢復平靜，慈祥地輕拍南丁格爾那雙嬌嫩的小手：

「醫院的事絕不是你所想像的那麼簡單、輕鬆，也絕不是像你這樣尊貴的女孩子所能勝任的，護士要照顧病患、料理死者，以及收拾骯髒的東西，任何一個受過高等教育的人，都不可能忍受這種折磨！只有貧苦人家的女孩子才會從事這種卑賤的工作。佛蘿，這不是像你這般金枝玉葉的小姐所能做的事啊！」

「母親，我不同意您的看法，假如我們知道有人奄奄一息，或正在進行大手術，甚至終夜呻吟求助，卻置之不理，不設法營救他們，減輕他們的痛苦，我認為這真是麻木不仁。」

「話雖如此，但你要仔細地想想，你可曾見過像你這樣的人去當護士，從來沒有一個護士像我們家的女兒一樣具有才華和高貴。」芬妮仍然心平氣和地對南丁格爾說。

這是不容否認的事實，在當時的各行各業中，護士被視為最卑賤、最汙穢的工作。的確如此，由於醫療水準落後，加上國力衰微、戰爭頻繁，1844 年以後的英國，醫院就是不幸、墮落、混亂的代名詞，名聲不好，地位低下。

一個典型的特徵就是：醫院的氣味總是「銳不可擋」，足以讓人們掩鼻作嘔；而且，醫院往往缺乏規範的管理，窄小的房間裡塞滿了床鋪，擁擠不堪。地板是普通的木板鋪就的，日久天長，很容易破損並布滿灰塵，滿是汙垢。加之各種藥物掉落在上面，長時間不予清理，氣味刺鼻。牆壁和天花板，也同樣沒有得到重視，通常是用普通的油漆塗抹的，牆皮剝落，天花板也經常向下滲水。

冬天，醫院裡總是很冷，每個病房的尾端有一火爐供暖，弄得灰燼飛揚。醫院為了保暖，使病人不致輕易凍死，窗戶終日緊閉，儼然是個「悶罐子」。有時，承蒙護理者的好心，幾個月才開啟一次。更糟糕的是，有些醫院到了冬季，通風條件差得要命，半數以上的窗戶，在冬季就用木板圍上了，到了春季也不卸下。

在醫院周圍，也很少見到樹木和綠草。由於醫院淩亂不堪，在這樣的條件下，從事醫療工作的人員，也經常患上各種疾病。

醫院是收治病人的地方。那些病人當中，有很多來自卑賤的貧民窟，來自骯髒的茅棚以及地下室等一些疫病猖狂的地方。醫院的環境尤其使他們沮喪，甚至「破罐子破摔」。他們不得不借酒消愁。病房裡，走私販運來的白蘭地、杜松子酒到處可見。

由於缺少必要的管理，醫院有時簡直就像是瘋人院，半死不活的人們瘋狂地拚殺、廝打、呼號。缺衣少食，使他們在死亡線上苟延殘喘，進行最後的掙扎。

這樣的情形，使得護理人員懷有「仇恨」心理。他們只是在醫院裡混日子而已，並無責任心可言。通常，他們對病人的衛生非常漠然。床墊即使非常骯髒，大量蝨子在上面肆虐，也難得清洗一次。病人滿身骯髒地被送進來，渾身氣味難聞，護理人員也從不幫他們洗浴。更有甚者，一個病人剛走，空出的床位連被單都不換，床單上汙物縱橫，就馬上接納新收進的病人。

這樣的醫療條件，在當時的英國是司空見慣的。直言不諱地說，人間最汙穢的景象，在這裡可謂應有盡有。

在南丁格爾看來，最讓人難以接受、痛心疾首的事情，還不是上述可怕的醫療條件，而是醫院中「護士」不佳的名聲、低下的素質，這加劇了人們對醫院的不良印象。後來她寫道：

幾乎沒有多少人願意主動從事護理。那時，做護士的人地位很低，最好是「喪失了人格」的女人，因為這樣的人無所顧忌，更能夠忍受醫院惡劣的條件。

護士們並不按常規給病人洗澡，只是沾一點水，像對待普通的家畜一樣，草草地塗抹一下病人的手和臉而已。由於沒有專門的房間可以就寢，護士們每天就睡在負責護理的病房中，不論是男病房還是女病房，人們對此習以為常。而且，她們不僅容許病人酗酒，連她們自己也酗酒，因為她們同樣需要透過酒精獲得安慰。

南丁格爾對此非常憤慨。在 1854 年 3 月 29 日的日記中，她描繪了倫敦醫院的住宿條件：

情況真是慘不忍睹。護士們睡在病房門口通道的木籠子裡，我就像進入了監獄。沒有一個有身分的女士，能夠那樣委曲求全，能睡在那樣的地方。那樣的睡眠條件，我刻骨銘心。

那裡沒有燈光，也沒有新鮮空氣，昏天暗地。由於聲音嘈雜，加上有的病人經常發酒瘋，或者彼此打鬥，值夜班的護士非常不幸，因為白天也無法睡覺，其工作效率可想而知。除了病房和「木籠子」，護士們無處可住，只能硬著頭皮承受，所謂紀律、監督並不存在。

由於護理人員數量很少，一大幫病人只靠一個護士護理，使護士們疲勞不堪，哪裡有力氣工作？她們的禮儀標準，必備的道德心，也每每低到了令人難以置信的地步。

這就是南丁格爾即將行使使命的地方！雖然令人難以置信，但確實是 100 多年前醫護界的寫照。

南丁格爾非常了解這些情形，這令她更感受到無法推卸這一重擔。她也知道會得不到家人的諒解，所以遲遲不敢表達自己心中的願望，但縈繞在心中的願望卻一直絲毫沒有減損。

「母親……請您原諒我！正因為她們的無知威脅著患者的性命，所以我更應該去積極地拯救那些可憐的病人！」

「病人確實值得同情，但是隻要我們小心留意身體，就不會受到病魔的侵害。」

「母親，您想想，只有我們健康快樂，卻仍然有許多不幸的人在死亡邊緣掙扎！」

「你不要老往牛角尖裡鑽，生老病死都是天主的旨意，不是我們的力量所能改變的！」

「母親，我求求您，你仔細想想現在有痛苦呻吟的病人，他們聽不到任何親切的安慰，也沒有人為他們逐漸冰冷的手腳按摩，就讓他們孤寂無助地死去，但我卻清楚地聽到他們在呼喚我，這些聲音沒有一刻靜止，而我始終駐足不前，我內心的不安與愧疚永遠無法平息，母親，求求您讓我去吧，他們需要我！」

父親也搖搖頭說：「佛蘿，你要知道，看護是骯髒的工作，還要受病人使喚，不是你這樣的大家閨秀適合做的，我們怎能答應你？」

家人強烈的反對，把南丁格爾打擊得垂頭喪氣，她深深地感覺到，自己像是一隻被關在籠中的小鳥，在痛苦中掙扎，她在想，什麼時候，自己才能飛向那廣闊的天空，去尋找她的理想呢？

追逐夢想的腳步

南丁格爾一心想成為護士的選擇受到重重阻撓。於是，她祕密地進行自己的計畫。那一年夏天，全家到伍斯特郡的時候，當地的農村正流行猩紅熱。

秋天，芬妮和芭茲要去尼克森姨母家，南丁格爾因為身體不適無法同行。她在恩普利的家中，躺在床上不斷寫信、寫札記。她詳細地考慮著，慎重地計劃著。她拚命尋找離開家到醫院中去的方法。這年的聖誕節她是在家中度過的，這還是有生以來第一次，父親威廉要留下來陪她，但被南丁格爾堅決拒絕了。

過了一陣子，南丁格爾的病體逐漸康復，表姐西拉麗來探望她。西拉麗也是家庭生活的犧牲者，她雖具有大家公認的繪畫天分，卻無法得到母親的首肯向繪畫方面發展。她每天忙著家務，教育弟妹，唯一獲得父母同意的是可以到倫敦參加少量的「婦女繪畫班」。西拉麗對於追求繪畫藝術這個夢想是不抱有任何期待的。

南丁格爾和西拉麗單獨相處了兩天，她把自己的許多心事告訴了西拉麗，但是，對於去醫院服務的決定卻守口如瓶。

時間一點一滴地流逝著。與豪博士的交談，已過去了一年，而南丁格爾還沒有付出任何實踐，沒有任何進展的跡象，她心急如焚。整個夏天，她陷入極端痛苦的深淵，精神備受煎熬，直至家中兩位親人染上疾病，情況才有所轉機。

這一年的 8 月分，南丁格爾的祖母患了重病，南丁格爾沒有隨全家去伍斯特郡，而是留在祖母身邊日夜照料。當祖母病癒之後，照看伍斯特郡別墅的老管家蓋爾夫人又病危了，南丁格爾又急忙前往照料。

雖然老管家不久撒手塵寰，但是這兩個照顧病人的機會，卻為心情惡劣的南丁格爾帶來不少的慰藉和鼓舞。

經歷這些以後，要想消除南丁格爾當護士的願望，更是不太可能了。

秋天，她在疾病肆虐的村子裡又照顧了一些病人。

南丁格爾又向目標邁進了一步。

她開始意識到，做護理工作，除了具備溫和的態度、富有同情心和足夠的耐心外，還需要一些技能和知識上的專門訓練才能勝任。但是她發現周圍的人中沒有一個懂得護理的方法。

南丁格爾想，自己應該接受一些護理訓練。但是家裡人的重重阻撓，使她不得不保持沉默。而且南丁格爾也真切地認識到，要想實現自己的理想和使命，需要克服的困難和障礙有多麼的巨大，她必須等待機會。

從此之後，南丁格爾就一直保持著克制，為了不使家人再阻撓她，她絕口不提從事護士職業的話。絕大多數時間裡，她把自己關在臥室或者是書房中。她堅信自己的選擇是正確的，而阻礙只不過是「上帝」對她的考驗和懲罰。她開始偷偷地接觸護理數據，同時進修她認為相關、有用的各種知識。鑽在護理知識海洋中的她，懊悔以前這方面的學習太少了，也太遲了。

為了不讓人發現她在念書，黎明前她就起床，用圍巾圍住蠟燭，在微弱的燭光下寫字。她做筆記、目錄、比較表。本生爵士夫婦還寄給她有關柏林醫院的數據，久而久之，她漸漸具備了廣泛的衛生知識，在這方面像專家一樣鑽研。

在好幾個寒冷黯淡的清晨，等到通知早餐的鐘聲響起，她才走出房間，若無其事地下樓，恢復父母眼中的模樣。

就這樣，一個月一個月地過去，南丁格爾一方面增進自己的護理知識，另一方面將自己掩飾成母親眼中的乖女兒。表面上風平浪靜，但她的內心卻清楚地感受到：「目前我所擁有的一切，使我正慢慢地，但卻穩健地向一個目標接近⋯⋯」

南丁格爾早已不是幼時那個驕傲自大、蠻橫暴躁的小女孩了，她追求人類之愛的意識十分強烈。同時，經過很多天的思考，她感到，自己過於感性，對感情生活的要求過於深切，這會對她的護理事業產生影響，而事業本身，同樣會影響到她的感情世界，這很容易在某些情感關係中傷害自己，尤其會傷害他人。

為了避免發生這樣的情況，她開始有意地避開某些情感糾葛，尤其是愛情。最近一兩年來，當理查三番五次向她示愛時，她的內心很感動，也很矛盾，但外表反應都顯得淡漠。她深知自己的樂趣和愛之所在，那就是病人。

儘管如此，她對理查卻始終未能忘懷。被一個人所愛是幸福的。畢竟，隨著孤獨感時不時地在內心翻騰，她心底也希望有人愛慕她，喜歡她。身為女子，不管何時何地，這種願望都是很難消除的，但是，她寧願把自己的整個靈魂獻給上帝和上帝的事業。

她給理查寫信說：

我感激你的重視和關心。親愛的朋友，你是個出眾的男人，你的情誼，對於我來說無比珍貴。不過，我已經習慣了目前的生活方式。我的個性告訴我，我並不適合你。我注定是個孤獨的漂泊者。為了避免更多的傷害，我們相互間，不妨經常通訊，最好不要過多見面……不要說我狠心。

儘管它們是人人嚮往的東西，但它們並不能滿足我心靈的需求，也不能使我真正快樂起來，它們無法為我的心靈和思想帶來力量，提供給我正缺乏的東西。它們無法從毀滅中拯救我注定孤獨的靈魂。

早在很多年前，南丁格爾就曾在一封信中，流露出追求獨身生活的態度，談到自己對婚姻的看法：

在這個廣漠的世界上，每個人都有自己的活法。從上帝對於人類的性別的安排來看，男女的結合似乎是天經地義的事。儘管更多的人選擇婚姻，並且傳宗接代，但畢竟有的人寧願選擇獨身，尋求與他人不同的生活方式。到底哪一種更好，誰又說得清呢？只有上帝知道。或許上帝也一無所知。

普遍的偏見是，歸根結柢，一個人必須結婚，這是必然的歸宿。單身生活毫無意義，不符合上帝的旨意。我對此有所懷疑，也許我是個另類，或許我過於偏執。

我也曾經因此而自責，甚至感到自卑。不過，我最終覺得婚姻並不是唯一的，一個人完全可以從她的事業中，使自己感到充實而滿足，找到更大的樂趣。

儘管南丁格爾與家人產生了不小的矛盾，但在這段時間裡，她依舊一如既往地生活，而且，在她的生活中，間或也有明朗愉快的日子。她發現，自己在骨子裡是那樣熱愛生活。

南丁格爾在札記中有這樣的記述：6 月，在接到邀請之後，她全家到牛津大學參觀，和一些過去的朋友見面，同來的還有米爾恩斯。他們一造成著名的博物學家巴克蘭教授家裡做客。教授用美味佳餚盛情款待他們。

教授家中豢養著各種小動物。牠們是教授的私人寵物，在教授的訓練下，變得更加聰明而靈活。這些小傢伙在各個房間裡自由自在地活動，顯得熱鬧非凡。

午餐的時候，出於極大的好奇心，南丁格爾順手抓過一隻只有 3 個月大的小毛熊，邀請牠共進午餐。在眾人的熱切注視下，小毛熊聽話地爬上桌子，大搖大擺地嚼起來。結果，剛吃了一會兒，因為牠動作很大，竟然弄得滿身都是奶油，大出洋相，小毛熊自己也覺得很難受，於是不停地叫喚。

眾人不禁大笑起來，只有教授板著臉，訓斥了小毛熊幾句，想讓牠安靜下來。結果，牠並不聽從，反而變本加厲，鬧得更凶了，嗓門高亢得嚇了大家一大跳。教授無奈只好站起身來，把牠帶出房間，並把牠鎖在外面。

午飯後，他們交談了一會兒，並走到外面看小毛熊是否在老實地休息，卻發現牠還用兩條後腿站立著，一見到他們，就立刻發起挑釁，「嗷嗷」地叫個不停，還張牙舞爪地試圖攻擊。

南丁格爾見此情形，忙說：「我有辦法讓牠安靜下來。我們來給牠做個催眠術。」

她向米爾恩斯先生交代了一下，後者照計而行，開始實施催眠。半分鐘以後，小毛熊的眼皮開始耷拉下來，並大打哈欠。大家吃驚地看到，不到3分鐘，牠就躺在地上酣睡起來了。

10月間，本生爵士寄給南丁格爾有關凱薩沃茲婦女牧師訓練班的年報和一封信。她迫不及待地開啟那封信，信上這麼寫道：

上次我曾經對你提起，弗利德納牧師所辦的「凱薩沃茲收容所」，已經被國家認可了。這座收容所由於管理得當，現在不僅在德國享有盛名，甚至已經揚名海外了。

現在，弗利德納牧師又建立了醫院及護士訓練所。志願前來的護士，必須是25歲以下的未婚女子，她們要完成5年沒有薪俸的見習工作，才有資格被任命為正式護士。

目前，只有貧窮、沒有受過教育的婦女才肯來，所以，弗利德納牧師就得先教她們讀書寫字，再傳授給她們護士的基本知識和技能。像你這樣的人才，一定備受醫院歡迎，如果你有興趣，就先來參觀一下吧！

讀完這封信，南丁格爾的反應與幾年前那次聽說凱薩沃茲後的情形大不相同。因為這次她已肯定自己的天職就是照顧病人，她領悟到凱薩沃茲應是自己一心追求的地方。

當她更進一步地了解凱薩沃茲婦女牧師訓練班之後，心裡開始洋溢著憧憬。因為在那裡不但可以接受護士的工作訓練，而且在被宗教條規嚴格限制的情況下，所訓練的護士絕不會有墮落的情形。

這份「年報」成為她隨時翻閱珍藏的寶貝。

南丁格爾並沒有將凱薩沃茲訓練護士的事情告訴母親，但她在日記中寫道：

無意義的生活使我感到疲倦睏乏，但卻沒有人了解我的心意。在每一個枯燥無聊的日子裡，在我逐漸枯槁的生命中，只有閱讀醫學會報，才能使我精神振奮，享受片刻安寧。

那是我嚮往的地方，我的心，我的姐妹都在那兒快樂地工作，追尋生命的意義，所以我相信我不久也能夠與她們在一起，主能夠實現我的理想，無論是在德國或在英國，今生今世，我都要實現這個願望。

羅馬假期的美好回憶

去凱薩沃茲學習護理的願望不能實現，加之對愛情的迷惘逃避，使得南丁格爾非常苦惱。

就在此時，煩惱的南丁格爾認識了一位朋友，之後她的心靈才得到慰藉。那是 1847 年的秋天，南丁格爾經梅雅莉介紹認識了賽麗娜，她與丈夫普里士就住在英格蘭中部。

當南丁格爾再度因為受不了來自家庭的壓力和內心的交戰而病倒時，賽麗娜夫婦適時地出現了。他們說服了芬妮，帶南丁格爾一同前往羅馬度假。1847 年 11 月，南丁格爾一行 6 人，抵達義大利的首都羅馬。故地重遊，南丁格爾再次看到了太陽的光芒，義大利的美景讓她陶醉。她寫道：

啊，這真是美好的日子，我是多麼快樂！我一生當中，還從未像在羅馬城這些日子裡這樣快活過。這裡的空氣清新，人們富有活力。和他們在一起，你不能不受到強烈的感染。

不同的環境，對人的心境會產生不同的影響。南丁格爾充分體會到了這一點。的確，一離開家，離開恩普利花園的擾攘和喧囂，她又恢復了心中的激情。

在義大利，她感受到賽麗娜帶給她的快樂和激情。與賽麗娜在一起，她可以直抒胸臆，無拘無束，心情完全是自由舒暢的。羅馬的很多地方，都留下了她們兩人的足跡。她們步行穿越羅馬的大街小巷，一路上見識了光怪陸離、五花八門的風土人情；她們在小餐廳裡吃蔬菜和麵包，胃口好得出奇；她們還請了當地的一名女學生做老師，一起學習義大利語。

南丁格爾記述道：有一次，正是午後時分，她們從街上小販那裡買來板栗。當時，她們已經飢腸轆轆，手中的栗子用手帕包著，口中不停地吹著氣，邊走邊吃，感覺非常愜意。一路吃到維拉麥林納。這是一個著名的旅遊勝地。她們在維拉麥林納看落日，看得兩眼發疼，才又一路走回來。

南丁格爾記得，她們到很晚才用餐，吃的是義大利麵條。由於餓得發暈，兩個人已經顧不上說話，只是拚命地吃著眼前的東西。她還記得，她們在羅馬教皇禮拜堂裡，看到了很多義大利藝術家的真跡，也正是在那裡，她第一次瞻仰了米開朗琪羅不朽的藝術作品。

那些作品使她流連忘返。此後，她經常注意蒐集這些藝術作品的模本。在她臥室的牆壁上，陳列著這些壁畫的複製品，她每天看來看去，非常痴迷。

南丁格爾清楚地記得，在羅馬的 6 個月中，儘管去過不少地方，有時候還非常辛苦，但她始終都是心情明朗。她彷彿徹底地從過去的消沉中走出來了。

她寫道：

這可真是奇蹟！我從來沒像現在這樣，感覺自己已經脫胎換骨了似的。從昔日裡讓自己寢食不安的「夢幻」中，我好像完全徹底地得到了解脫。

的確，古羅馬的文化，使南丁格爾大開眼界，同時也使她暫時忘掉了煩惱。但這次羅馬之行，最使她感興趣的，要算是參觀修道院、女子學校和孤兒院。

有時候，南丁格爾一連幾天都待在修道院裡，觀摩教會所舉辦的慈善活動，並學習女子學校、孤兒院的組織和管理方法，她覺得日子過得很充實。

不知不覺，新的一年來臨了，南丁格爾在日記裡寫道：

在羅馬完全不受家人的約束，我似乎得到了真正的自由。對我來說，這些日子實在是太愉快了！

在這裡最讓南丁格爾難忘的，是認識了史德尼．賀伯特夫婦。賀伯特先生曾經當過英國陸軍上將，在國會裡一直很活躍。而這時的他已經是一位內閣大臣，正在羅馬作拖延已久的結婚旅行。南丁格爾在散步時，同他們不期而遇，開始了對她事業有深刻影響的親密友誼。

雙方都竭力想給對方以不平凡的影響，當時沒有任何預兆表明在他們的生活中這是一個最重要的時刻。會面時，南丁格爾被介紹給史德尼·賀伯特美貌的夫人麗莎，而且立即贏得了麗莎的好感，相識就這樣開始了。

史德尼·賀伯特是一位風度翩翩的美男子。他是一位典型的紳士，多才多藝，更以機智而富有才情聞名於社交界。尤其難得的是，他經常祕密地參加集會，將自己的收入以匿名的方式捐助給慈善機構。

這樣一位才德卓越的人，卻不喜好繁華喧囂的社交生活，他常說喜歡在威魯頓過平靜的日子，不受拘束，享受生活的樂趣。但是，命運之神卻在他身上不斷堆積財富和地位，將權勢和責任同時交付給他，使他負荷不了這些沉重的壓力，轉向宗教尋求安慰。

賀伯特夫婦都是虔誠的基督教徒。賀伯特把一生都奉獻給了慈善事業，他在威魯頓興建新教堂、改善貧民生活、捐建安養所，併為貧苦的勞工提供額外的工作機會。他的夫人麗莎為了支持丈夫，也投入了所有的心力去協助他。

賀伯特先生也十分讚賞南丁格爾超乎常人的智慧，有一次，賀伯特先生對她說：「南丁格爾小姐，我非常關心窮人病後的困難情況，他們沒有時間作充分的休養。如果他們停下來不工作的話，自己和家人就要挨餓。所以，我想開設一所收容這些人的療養院，你覺得如何？」

「真是個好計劃，請早日實現吧，只要需要我，我一定會來幫忙的。」南丁格爾十分贊同。

賀伯特夫人指著丈夫笑著說：「你別聽他的，這個人就是那麼熱情，他把所有的財產通通都花在貧病人家的身上，也不想想自己的力量夠不夠！」

「對於這件事，你比我熱心多了！」賀伯特深情地望著妻子說。

南丁格爾見他們有同樣心志，又是欽佩，又是羨慕，心想：「多麼慈善的一對夫婦啊！能和他們做朋友，真是我的福氣！」

數年後，南丁格爾經常想起賀伯特的嘉言懿行，並以此勉勵自己。她甚至在一張便箋上，隨意寫下了賀伯特的性格：

在我的印象裡，他有滔滔不絕的口才，是個天生的演說家。他有無與倫比的社交魅力，幾乎任何人都會為他的風度而傾倒，他是我所認識的最文雅的人士之一。

在我和他交往的日子裡，他向來溫良、謙和，即使遇到讓他感到惱火的事情，也從不發脾氣。這樣的修養，不是一般人能具備的。他工作起來積極而盡責，常常廢寢忘食。而且，在利益方面，他從不斤斤計較。確切地說，他從不計回報，也從不主動邀功。

從義大利羅馬旅行歸來的南丁格爾，身上積聚了更多的能量。而且，她同賀伯特夫婦的友誼，也已經十分密切了。他們經常就社會問題進行深入討論，有時甚至爭執得面紅耳赤。透過他們，南丁格爾還結識了一些很有影響力並熱心於改良醫療事業的人士。可想而知，這對她的幫助有多大。

對於醫療事業，賀伯特夫婦和他們的朋友儘管非常熱心，但在某些細節方面並不了解，因此很想知道有關情況。他們轉而向南丁格爾請教。他們驚奇地發現，除了哲學、藝術、建築等方面的知識以外，南丁格爾對於醫療護理方面的問題也是瞭如指掌。

多年的關注和累積，使南丁格爾掌握的相關數據十分豐富，簡直就是一部活的百科全書。因此，她在業界的名氣越來越大，並逐漸被大家視為醫院管理和公共衛生事業的專家。

不久後，賀伯特夫婦知道她打算去凱薩沃茲學習，非常贊成她的想法和決心，立即表示全力支持。正巧本生爵士夫婦也要把女兒送去，南丁格爾的奢望已露出實現的曙光。賀伯特和本生爵士夫婦都贊成的事，應該不至於遭到反對吧？母親也應該會贊成吧？

1848 年的 9 月，似乎是天賜良機。姐姐芭茲因為醫生囑咐要到南斯拉夫的卡爾斯拜德去休養，全家人必須和梅雅莉一起留在法蘭克福。凱薩沃茲就在法蘭克福附近，南丁格爾計劃著在法蘭克福和家人分開一兩個星期，去看看婦女牧師訓練班的情況，如有可能，還可以接受短期的訓練。

但是這個好機會又因為法蘭克福發生革命而成為泡影。那一年法蘭克福發生革命，威廉認為留在英國北部比較安全，決定到那裡的礦泉療養地療養，因而取消了法蘭克福之行。

南丁格爾又急又氣，她心灰意冷地說道：「天主啊，為什麼總是捉弄我？難道我這輩子，注定進不了護士學校了嗎？」

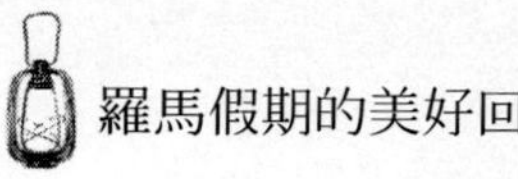

步入夢想醫院的大門

凱薩沃茲之行又一次徹底泡湯了，南丁格爾憂鬱至極。沒過多久，賽麗娜夫婦便再度邀請南丁格爾一起去埃及旅行。南丁格爾家一向相信賽麗娜夫婦，並且，他們仍然相信旅行可以改變南丁格爾的心意，便不斷勸說南丁格爾答應這件事。

「我們預備 10 月出發，在埃及過冬，然後前往希臘，路經德國，明年夏天再回國。」賽麗娜把行程大略說了一遍。

南丁格爾對這次旅行的興致原本不大，但她聽了這次的行程計劃後，腦中迅速閃出一個奇妙的念頭：「德國，德國……凱薩沃茲就在那兒，對了！可以藉機到凱薩沃茲一趟。」南丁格爾想到這裡，不禁心花怒放。

他們按計劃出發，旅途的第一站是埃及，南丁格爾對當地的一切都感到十分新奇，不過當她親眼看到拍賣奴隸的情形後，心情卻非常沉重。

「這個世界需要幫助的人太多了，我多麼希望盡快付出自己的力量啊！」南丁格爾深深地嘆息著。

1850 年的春天，他們到了希臘的首都雅典，南丁格爾參觀了當地的學校和孤兒院，這又給了她許多感觸：「天主叫我去為貧病的人服務，那是 17 歲時候的事情。如今，事時 13 年，我已經 30 歲了，卻還沒有踏上那條路，我實在不甘心，難道為世人服務，真的是我的奢望嗎？」

1850 年夏天，南丁格爾終於來到旅行終點站，她的重要目的地凱薩沃茲。

萊茵河畔的風，吹得人心神舒暢，南丁格爾心中的煩悶和不安也消失得無影無蹤了。

「這不是夢吧？」南丁格爾歡喜得心都要跳出來了。當她走進凱薩沃茲醫院時，才敢相信自己已經來到了夢寐以求的地方，她參觀了醫院的每一個角落，提出了心中所有的問題。

醫院的創始人弗利德納特牧師是個親切的長者，他詳細答覆了南丁格爾提出的所有問題，還對自己的太太說：「像南丁格爾這樣認真求知的女孩，我還是第一次見到呢！」

「是啊！我們對她應該特別照顧，她的確非常適合看護的工作。」弗利德納夫人讚同地說。

「嗯，我也這麼想，不過……」牧師神色凝重地說，「南丁格爾家是名門望族，事情恐怕不太容易。」

弗利德納牧師的確看清了南丁格爾的處境。當她在醫院住了兩個星期後，不得不回到賽麗娜夫婦身邊。

「怎麼樣？有收穫嗎？」賽麗娜好奇地問。

「太多了，太多了……」南丁格爾十分興奮，「我從來沒見過那樣清潔的醫護場所，我們在倫敦的醫院，簡直無法跟人家相比！」

「那些護士的人格怎樣呢？」賽麗娜問道。

「她們都受過良好的訓練，做事也很盡責，病人在她們細心的照料下，復原得特別快啊！」南丁格爾顯得神采飛揚，並要求說：「我們晚一點回國好嗎？」

賽麗娜顯得有些猶豫，心想：「讓南丁格爾在凱薩沃茲住了兩星期，已經有點過分了，如果再讓她延期回國，她的家人會諒解嗎？」

南丁格爾見賽麗娜不回答，誠懇地說：「我並不奢望再回凱薩沃茲醫院，只是在那兒學到了太多的東西，我想趁著現在把這次的筆記再整理一下！」

正當賽麗娜左右為難時，賽麗娜的丈夫普里士不知何時來到她身邊，一手摟著她的肩膀說：「好太太，你們的話我全聽見了，我們又不著急趕路，何不成全南丁格爾的心願呢？」

普里士和南丁格爾會心地交換了個微笑，事情就這樣決定了。

不久，市面上出現了一本書，那就是《萊茵河畔的凱薩沃茲醫院》，作者署名為「一個無名的小婦人」。其實，這本書正是南丁格爾在這個時候寫出來的。

1851 年夏天，南丁格爾回到英國。這次的旅遊，給了她無比的信心，她不再怯懦了，開始勇敢地向家人表白：「請讓我再回凱薩沃茲醫院，接受實際的訓練吧，將來我要在英國創辦一個像那樣的醫院。」

芬妮聽到南丁格爾的話後，猶如五雷轟頂，氣得渾身發抖，她當即定下新規矩，禁止南丁格爾擅自出門，只准在家做「貴族小姐應該做的事」和「適合自己門庭教養的事」。這樣，一切又回到了從前，甚至更加惡化了。

南丁格爾又重複著過去不見陽光的日子，心裡還充滿了自責和內疚，認為平時父母都是文雅善良的，卻因她的出格舉動鬧得家庭失和，一再告誡自己不可再做火上澆油的事了。

然而，南丁格爾的心還沉浸在凱薩沃茲。她把自己關在書房裡，用了一個星期的時間寫了一本小冊子，呼籲全英國的女性都應當前往凱薩沃茲看看，那個賦予人類友愛精神的地方，能給予人不同於空虛華麗生活的幸福充實感的場所，即使不能參與到為社會大眾服務奉獻的工作中去，也有必要親自去看一看，感受一下。

然而南丁格爾的低調讓家裡人感到不安，特別是芭茲，表現得尤為強烈，因為她在社交界的表現並不如南丁格爾出色，只能分享南丁格爾的成就和榮耀。也唯有靠著妹妹，她才有機會過著熱鬧繁麗的社交生活。在一場死纏爛打之下，南丁格爾只好答應陪伴芭茲半年。

此後的一段時間，南丁格爾成了芭茲的「人質」，違心地陪伴她玩耍。她倆一起唱歌、散步，一起談論詩藝、時裝，雙雙出入宴會、茶會。芭茲快活如往，南丁格爾卻強顏歡笑，痛苦不堪，她再也找不到過去沉湎於這些活動時的美好感覺了。

4 月，南丁格爾侍候芭茲的半年期滿，她馬上前往威魯頓拜訪賀伯特夫婦。好久不見，彼此都感覺很親切，夫婦倆熱忱地鼓勵南丁格爾再去凱薩沃茲接受護士訓練。在得知南丁格爾在家中的遭遇後，夫婦倆都表示很震驚。賀伯特氣憤地說：「想不到在今天的英國，還會有這樣無情的家庭制度，而且還發生在上層社會的家庭，發生在南丁格爾小姐的身上。」

賀伯特夫人麗莎則開導說：「我想任何一個旁觀者都看得很清楚，你並沒有什麼過錯。你的家庭關係是不正常的。真正受傷害的人是你的母親和姐姐。親愛的南丁格爾，你應該學會從這個角度重新對待你和家人的關係。」

賀伯特夫婦的看法對南丁格爾來說是全新的。藉助這種開闊的視野，南丁格爾終於看清了自己的錯誤不在於恣意妄為地挑起家庭不和，而是對家庭的無理要求過分地妥協和退讓。

於是在 1851 年 6 月 8 日，她在筆記中以前所未有的語氣寫道：

我必須知道，從她們那裡我是不會獲得同情和支持的。我必須獲取那些我賴以生存的一點點，哪怕盡可能少的一點點。

我必須自己動手，她們是決不會恩賜於我的……

兩星期後，南丁格爾收拾好行李箱，決定去凱薩沃茲。和母親及芭茲最後的一幕終於上演了。而南丁格爾在爭執中氣昏了頭，當場暈倒在地。這次她沒有屈服，休息了一晚上，第二天便按計劃離開了家。

點燃心中希望之火

南丁格爾離家出走後，來到了凱薩沃茲，弗利德納夫婦倆熱情地接待了她。

在南丁格爾離開的一年中，凱薩沃茲醫院又有了新的擴建。現在，這裡已成為擁有 100 張病床的醫院、幼稚園、感化院、孤兒院和女子師範學校，看上去初具規模。

在那裡，必須忍受艱難，過著困苦和缺乏物資的斯巴達式生活。南丁格爾在給母親芬妮的信中寫道：

現在，對於我，時間顯得不大夠用。直至昨天，診療所放假一天，我才抽出空閒，把換下的衣服拿去清洗。對了，或許你們都覺得不可思議，我們每日 4 餐，每餐只有 10 分鐘的時間。總體而言，我對這裡的一切，非常感興趣，它們滿足了我強烈的好奇心和求知慾。我的身體與精神俱佳，不用掛念。

現在，我倒真的希望，我可以多活上一些年頭，可以使我更好地儘自己的力量，也為了那些在病痛中呻吟和掙扎的人們。這才是真正的生活。到了這裡以後，我第一次了解了生活的意義，也開始懂得珍惜生命，除了這裡，我不會再嚮往別處的世界。

南丁格爾晚上就睡在孤兒院，白天和兒童們一起在醫院工作。她還參加了當時認為「婦女不宜」的開刀手術，對於協助手術的工作感到興致勃勃。

1852 年，她寫下這麼一段話：

那裡護理的水準等於零，衛生狀況惡劣。在凱薩沃茲的機構中，以醫院的情形最為嚴重，但是我沒有見過比這更具有崇高的觀念和奉獻的精神工作，她們之中沒有一個是有身分和地位的婦女，但對待病人卻很細心。

在凱薩沃茲受訓即將結束時，賀伯特夫婦來看望過南丁格爾。弗利德納牧師告訴他們說：「南丁格爾小姐在此有優異的表現，護士之中沒有一個像她這麼認真學習的。」南丁格爾受到鼓舞，內心充滿幸福的感覺，同時也充滿了投入新事業的熱情和勇氣。

南丁格爾努力想要取得母親和姐姐的諒解。她一再以謙虛的態度寫信強調自己的心意，不厭其煩地加以解說：「請你們耐心而仔細地觀察我所做的一切，你們務必相信我，鼓勵我！我親愛的家人，請別再為我悲傷，我需要你們的祝福！」

芬妮和芭茲都沒有回信。但是，凱薩沃茲顯然已經點燃了南丁格爾心願的火苗，那光焰在隱約的命運中閃耀，她仍舊熱切地渴望接受正規的護理訓練。

但就在這時父親威廉突患眼疾，醫生要他在約克郡的盎芭茲做冷水治療。但是威廉堅持要南丁格爾同行，否則他就拒絕治療。

南丁格爾十分為難，猶豫了好一陣子，最後基於對父親的愛，她決定將自己過去所做的一切和計劃全部凍結起來，重新接受命運的安排。於是，她結束了在凱薩沃茲 3 個月的充實生活，返回了英國。

「啊，多鬱悶的日子……啊，那些似乎永無盡頭的長夜。」南丁格爾在這一時期的筆記中寫道，「女人簡直不能把自己當成人……英國一個所謂有教養的家庭裡瑣碎、嚴酷的精神桎梏簡直是世上最折磨人的暴政！」

3 月，威廉和芬妮又去倫敦參加季節社交活動。芬妮和芭茲加給「高貴的南丁格爾小姐」的種種清規戒律，簡直達到了荒唐離奇、無以復加的程度。她外出必須經過批准，詳細說明理由，去哪裡、多長時間，並且必須有人陪同；她的來往信件都要事先經過檢查；她會見客人也要受到監督，有些「危險」訪客不受歡迎……

威廉本來傾向於妻子和芭茲，但事態發展到這麼荒謬的地步，他心裡也有些不安了。

在父女倆前往盎芭茲治療眼疾的過程中，威廉切實感受到了南丁格爾的精神視野、為人風格，這跟狹隘自私、驕傲淺薄的芬妮和芭茲相比，是多麼高尚、善良。來自凱薩沃茲的嚴肅工作、逸聞趣事，以及他自己親身體驗到的受訓護士的細心看護，終於使威廉理解了自己的女兒。

當威廉和南丁格爾從盎芭茲治療眼疾返回恩普利後，他儼然已經是南丁格爾的盟友了。

第二年春天，芬妮規定南丁格爾必須將收到的每一封信向家人公開。父親隨即告訴她，可以請朋友將信寄到自己所參加的阿尼西亞學者俱樂部，這樣就可以逃過檢查，保證她的通訊自由。南丁格爾得到父親的同情、理解和支持，感到很寬慰。

牢籠裡即使有陽光也是不自由的，南丁格爾不甘心就這樣被控制下去，她醞釀著再次突出重圍，徹底擺脫家庭的束縛。

馬尼博士是南丁格爾在羅馬認識的一位天主教神父。1852年夏天，南丁格爾曾寫信給他，投訴自己遭受家人不平等待遇的情況，並透露自己嚮往天主教，希望博士替她打聽接受受訓護士的天主教醫院。

事實上，身為新教徒的南丁格爾，內心的信念完全不同於天主教的教義。她在一系列命運的挫折面前，不斷地追求自己的目標，積極地發揮自己的力量，而不像天主教徒的信仰那樣，將自己的一切交給慈愛的上帝，聽天由命。她更認為可以跨越這一障礙，上帝的愛比人們各自闡釋的教義更寬廣。

不久，馬尼神父就替南丁格爾聯繫了兩家天主教醫院，一家在愛爾蘭，另一家在巴黎。

南丁格爾在獲得馬尼神父的通知後，正躍躍欲試地盤算著。經過仔細的斟酌考慮後，她選擇了在巴黎的醫院。但不幸的是，家中的暴風雨又在此時來臨。芬妮和芭茲再一次歇斯底裡地反對。

這時，一個醫師的話使南丁格爾如醍醐灌頂。她在日記中寫道：「至理名言，使我由此茅塞頓開，我的一生大計也就由此決定了。」過去始終放不下的牽掛，從此可以釋然了，她一聲不響地準備擺脫家庭，奔赴前程了。

就在南丁格爾掙脫枷鎖的同時，巴黎修女會也寄來了通知，批准她進入醫院工作。就這樣，她打點行裝默默地離開家，前往巴黎。

她曾在那年的除夕，如實記述道：

隨著這一年的結束，也結束了許多風風雨雨，我感到十分寬慰，也使我更確信，這一年並沒有白過。因為在這一年裡，我重新思考過自己對社會的使命和信念；同時和馬尼神父的深厚友誼亦使我獲益良多；再者，雖然去不成凱薩沃茲，卻可以順利前往巴黎，這足以讓我欣喜，並引領我開始走進屬於自己的世界……

到達巴黎之後，南丁格爾借住在梅雅莉家。這段日子，她出入不再像以前那樣闊綽奢侈，而以公共馬車代步。

在一個月的時間裡，她參觀了巴黎所有的醫院，然後再到伍帝帝諾街慈善修女會醫院去報到，擔任志願護士。當她從他們那兒接過一套藍布制服時，激動得兩手輕輕地顫抖。

就這樣，南丁格爾每天穿上護士的制服，在資深修女的指導下照顧病人。可是她並沒有與修女們共起居，而是另住一間房，因為此時她還不算是正式的護士。

可是就在她好不容易盼到了院方正式的核准之後，命運的腳步又踩住她前進的步伐。由於祖母病重，她必須速回英國。

於是她只好放棄眼前的機會，趕回多布敦見祖母最後一面。她慶幸自己的決定，寫信告訴西拉麗：「由衷地感謝上蒼！能讓我趕在最後幾天承歡在祖母膝前，在祖母僅有的日子中，盡心照顧她，安慰她，如果不是這樣，我也許會抱憾終生。」

雖然陰雲並沒有完全退去，她還在經受某種程度的「壓制」，但這種壓制顯然已逐漸失去了以往的力量。儘管她被無辜地奪去了大量時光，但卻已不再絕望，因為腳下的路依舊寬廣。尤其重要的是，面對方方面面的束縛，她已開始多了些叛逆之心，理想不再使她痛苦。

換言之，經過苦心孤詣，經過風吹浪打，她已經開始主宰自己的命運。於是，在祖母去世後，她離開多布敦獨自前往伍斯特郡，開始尋找自己的工作。

與護理事業結緣

時間總是過得飛快，轉眼間，南丁格爾已經 32 歲了，她在感謝家人的祝福時，還特地給父親威廉寫了一封信，信中這樣寫道：

儘管我的年齡已經不小了，不過我會更加堅持行使我的使命。事實上，我很高興，因為我終於重獲自由。當年，還在義大利我的出生地時，我就渴望像義大利人民一樣，為爭取自己的自由而奮鬥終生。

今天，我已經有了它，我的不幸的青春期已經過去，我並沒有太多的留戀。它永遠不會再回來了，我為此而欣慰，因為這意味著，我即將獲得新的生命。

的確，從此之後，一切將與眾不同。南丁格爾終於可以釋然了，可以走到她的病人中間，一門心思地從事自己想做的事情了。她花了一個月的時間，走訪醫院、養老院和慈善機構，觀察醫院的布局、設施是否完備而合理，醫生如何檢查病人，護士怎樣護理，手術如何進行。為了獲得更為一目了然的印象，她精心製作表冊，表冊上列出了各種數據，用以比較不同醫院的組織狀況和住宿條件。

同時，她還設計了詳細的問答表，上面展示了醫療、護理的種種問題和答案，並在法國、德國和英國醫院等處散發，促使醫院的工作人員更好的履行職責。

最終，她累積了大量報告、回饋意見、統計數據，它們的特點是權威而及時，說明了整個歐洲醫院的醫院組織和合理安排。她天資聰穎，而且工作勤奮，因此，僅僅一個月不到，她就收集、整理和消化了大量的數據，為此付出了超負荷的勞動。這確實是一件了不起的功績。

多年以來，她起早貪黑地辛勞，終於收穫了果實。這時的她，已經不再是一個普通的學員，而是一個道地的專家了。

對於南丁格爾的夢想來說，此時的芬妮已經不再具有支配力量了。南丁格爾的堅韌精神和奮鬥，終於使她敗下陣來。女兒在護理這條路上越走越遠，她看在眼裡，急在心上，但卻是萬般無奈。

不管怎樣，她畢竟是南丁格爾的母親，她還是得為女兒的前途著想，因而，她轉而拚命要求南丁格爾結婚。她為此甚至懇求南丁格爾，就像南丁格爾曾經拚命懇求她的諒解一樣。

是的，過去的就讓它過去吧，可她的女兒不能無視這樣的事實。時至今日，當年的少女已經 32 歲了，而且，多年以來，她拒絕了所有的求婚者，一心只想「嫁給」護理業。

那年夏天，南丁格爾在百忙之餘，給芬妮寫了一篇充滿親情的信。她熱情洋溢地說，她沒有以前那麼痛苦了。

親愛的母親，或許您並不希望聽到我這樣說，我不想結婚。我對於婚姻並沒有多大的興趣，或許這與我多年的獨身生活有關。我已經習慣了現狀，並不急於作出改變。

況且，我目前所從事的事業，注定會和婚姻產生某種衝突。說實話，我寧可一輩子跟著您轉悠！不過，您可不要因為我這樣說，就以為我非常不負責任，從而把我看成是「浪子」……

退一步說，即使我真的屬於「浪子」，也必然是命中注定的，因為那也是上帝的意思。我的靈魂是屬於上帝的，既然他需要我作出犧牲，我就不會有任何退卻！

1853 年 8 月，賀伯特夫婦為她介紹了一份在知識婦女療養所的工作。這個委員會因為財政困難，必須重建組織，遷移會址，南丁格爾就是擔任重建工作的監督者。

這座療養所專門收容貧病的女教師，療養所內的事務由委員會管理。南丁格爾到這裡工作，完全是義務性質，沒有薪水。幸虧父親威廉已經諒解了她，願意每年給她 500 英鎊作為資助，並鼓勵她：「女兒，只要你能從工作中得到真正的滿足與快樂，父親就一定支持你。」

大家知道這件事後，都嘲笑她：「那位監督不拿薪水的，人家的父親會按時寄錢來呢！」「不拿薪水，能做多少事兒？我看這個千金小姐是來這裡消磨時間的。」起初，委員們都這樣評論南丁格爾。

南丁格爾只接受過短短幾個月的實際訓練，可是，她曾經參觀過許多醫院，也讀了不少醫學和衛生方面的書籍，在醫院的改革方面很有心得。

南丁格爾根據自己對巴黎各醫院的調查研究，提出了許多革命性的建議：將水管接通到每棟建築物，以便每間房中都有熱水供應，還能節省人力；購置升降機運送病人的飯菜；在床邊設緊急響鈴，接通護士門外的鈴盒，當鈴聲響起時，盒子自動開啟，護士可以盡快地從有編號的鈴盒中得知是哪位病人在拉鈴，並以最快的速度趕到病人床前，以免上下樓徒勞往返等。

對於南丁格爾接連不斷的建議信，委員會深感頭痛，不知如何是好。他們都被南丁格爾小姐分派到倫敦的大街小巷，去四處尋覓購買「帶有響鈴和顯號裝置的傳訊裝置」了。

南丁格爾一面不斷增加新的改進措施，一面分派委員們到倫敦的大街小巷去尋購必要的新裝置。

那些委員會的委員們一向善於辯論和發號施令，從來沒有被人這樣教訓和指派過，儘管勉強地去做了，但並沒有達到南丁格爾的要求，南丁格爾對此感到非常失望，而委員們則積蓄著對她的不滿。

在南丁格爾看來，委員會簡直是在敷衍她。在她眼裡，問題很多：醫院的帳目一塌糊塗，很不規範，在管理合理化方面更是無所作為。委員會下屬的兩個管理委員會的成員，一個全是男子，另一個是清一色的女子，他們以及醫生們之間，經常為一些小事吵得不可開交。

尤其在不同的信仰上，新教和天主教都不肯妥協，南丁格爾據理力爭，經過多次協商、談判，最終使他們達成共識。

南丁格爾接受了委員們附加的一個條件：如果信奉異教的病人是來自英國國教以外的神父或牧師，必須由她親自去迎接、帶入病房，並全程監視他們與病人的談話，直至陪送他們離開醫院。

委員會則同意今後任何宗教的病人都可以入院接受治療，只要其窘迫的經濟狀況符合醫院援助的標準。雙方就此達成書面協定，以免雙方違約。

南丁格爾既抓大事，注重整體改進，又不厭其煩地過問小事，事必躬親。她清楚地認識到，再壯觀的事業也是建築在一個個實實在在的細節上的。她經常親自跑到地下室的儲煤倉檢視送來的煤是否摻雜有混合物等；隨時檢查糧食、床單的儲放；親自打掃儲藏室。

為了節省開支，做到收支平衡，南丁格爾想了不少辦法。她改變了過去每天採購食品的習慣做法，選定經過考察可以信賴的商店批發購入。她自己在家裡配藥，以便省下一筆付給藥劑師的費用。她還說服母親，將衣服被子拿回家洗滌，床單由家裡補充，醫院的床罩也用舊窗簾改造。

委員們和醫院的工作人員漸漸地發現了南丁格爾無私的奉獻精神和管理有方的工作能力，而且醫院服務的逐漸改觀也是有目共睹的，他們對南丁格爾的態度也從疑慮、不屑、抵制轉變為尊敬和合作。

而南丁格爾自己也透過這一階段的工作，學習到了更加巧妙的說服別人的辦法。她曾在給父親威廉的信中寫道：「我剛剛上任時曾打定主意，不論發生了什麼事情，我絕不會揹著委員會搞串聯。現在我明白了，我必須先把我的想法告訴其中的一些人，說明我的意圖，並把事情託付給他們，同時也加進他們的好主意，這樣執行起來就好多了，委員們會認為新的工作是由他們和南丁格爾小姐共同完成的，這勝過把功勞都歸於我，也更能激發眾人的榮譽感和責任心。」

由於南丁格爾的努力工作，精心安置每一位病人，她得到了病人的一致好評，有的甚至對她崇拜有加。

同時委員會和醫院的改革也取得了成效，面貌明顯改觀，這也使南丁格爾獲得了充實和滿足的感覺，但很快她就感到這個有限的環境還不能充分地磨礪自己，也不能充分地實現她的使命。她的目光開始投向更廣闊的空間。

於是，從 1854 年春天開始，南丁格爾到英國各地訪問了許多醫院，只為一個基本目標，即為改善作為醫院護理支柱的護士們的處境作實地調查，蒐集第一手數據。在她看來，要使護理工作在醫院紮下根來，一是建立保障和提高護士地位的醫院改革制度；二是護士們要以良好的修養提供讓人信服的服務。就這樣，創辦一所護士學校的念頭在她腦中產生了。

戰勝倫敦霍亂

1854 年夏季，霍亂開始在英國許多城市肆虐。

倫敦城的貧民窟地區，沒有下水道，環境十分的惡劣，尤其是霍亂的蔓延，更是肆無忌憚。各地醫院一時都住滿了病人。在治療和護理的過程中，許多護士也不幸染病去世，倖存的護士因害怕染病，不少人紛紛逃離醫院，一時間，護理人手非常緊缺。

8 月間，南丁格爾自告奮勇，前往英格蘭南部的米塞郡醫院，去指導那裡的病人護理工作。

在這個英國大型醫院裡，病人很多，而且幾乎每隔半小時就會送來一批。在病人當中，大多是窮困潦倒並且酗酒的妓女。南丁格爾總是不分白天黑夜地親自替她們脫去衣服，敷上藥膏。這些染上霍亂的女人痛苦得發狂，整夜都能聽到可怕的尖叫聲，使醫院變成了瘋人院一樣的地方。

整整兩天兩夜，南丁格爾一刻不停地忙著救治患者，她的辛苦程度可想而知。

不久，霍亂被遏制下去，不再繼續蔓延，南丁格爾的工作也大為減輕。3 個月後，她抽空回家看望親人。恰好著名作家蓋斯凱爾夫人正在她家做客，她跟南丁格爾一見如故。這位作家在她致家人的信件中，對南丁格爾有過生動的描述，對她不乏讚美之詞：

我在幾天前見到了南丁格爾。我真希望，你們能親眼欣賞一下這位出眾的女子，她讓人過目難忘。她長得十分的漂亮，身材頎長，腰肢纖弱，看上去亭亭玉立。她有一頭濃密而修剪得短短的栗色頭髮，嬌嫩而細膩的皮膚，灰色而低垂的眼睛！

她的氣質，是那樣獨特而富有魅力；她的眼神，總是那樣深沉、憂鬱。但是，只要她本人願意，它們立即變為活潑而歡快的一雙明眸。她那一口整齊、潔白的牙齒，使她有著我從未見過的甜美、親切的笑容。她才藝過人，風趣高雅。同她交談，你可以獲得極為舒暢的內心感受……

然而，一週以後，蓋斯凱爾夫人發現，在南丁格爾風度迷人的背後，還蘊藏著鋼鐵般冷峻的個性。蓋斯凱爾夫人驚訝地看到，她並無伴侶，孑然一身，有時，讓人感覺她形單影隻，但是卻充滿力量，高高地屹立在上帝締造的萬物之間。她是那樣的文靜、典雅，甚至有幾分柔弱，使人不免產生憐愛之心，以至於剛剛接觸她時，一般人很難感覺出她具有百折不撓的個性。

是的，在南丁格爾身上，確實有著某些令人望而生畏的東西。儘管她溫和、聰穎，但她彷彿生活在一個詩意朦朧的境界裡，那裡虛幻悠遠，令人望而卻步。她的個性與精神也是那樣的堅強，彷彿是鋼鐵鑄成的一般，這是很多男人也不具備的稀有品質。

此後，許多與她共事的人，對此都深有感觸。那些對她既敬佩又痴情的男人，都在不同程度上體驗到了這種滋味。

芬妮自始至終都沒能了解她的這個女兒，她對此也非常疑惑。一天，蓋斯凱爾夫人來到她家裡做客。她含著眼淚，一字一句地向蓋斯凱爾夫人講了她的內心感受：

不知為什麼，我們就彷彿是一群水鴨子，喜愛並適應自己的生活圈子，而她卻像我孵出來的天鵝，生活在另一片天地裡。她和我們總是隔著距離，我們在很多想法上格格不入。

事實上，正像若干年後，傳記作家以頓・斯特雷奇所說的那樣，儘管芬妮在很長的時間裡一直對女兒的事業並不理解乃至存有怨言，但是，人們還是應該感謝她。因為芬妮「孵出來」的，甚至不是一隻天鵝，而是一隻蒼鷹。她高高翱翔在天上，哪怕櫛風沐雨，也依舊顯得那樣英武、飄逸、灑脫。

也就在這時，1854 年的夏天，一個時代結束了，新的篇章開啟了。1854 年 3 月，由於在殖民地利益上的紛爭，英、法向俄國宣戰。幾個月後，英法聯軍浩浩蕩蕩在克里米亞大舉登陸。

這場戰爭和南丁格爾的個人使命息息相關，對於她的前途來說，一切不過才剛剛開始。

被賦予的戰時使命

19 世紀中葉以來，俄國對國勢日衰的土耳其進行蠶食式的侵略。

英國是不能坐視俄國強大的。如果俄國艦隊由博斯普魯斯海峽進入地中海的話，英國的殖民地印度便大受威脅。當時的法國也正和俄國處於敵對的狀態。

1853 年 10 月，俄國艦隊打敗了土耳其艦隊，英國終於按捺不住，為了保護自身的利益，決心與俄一戰。

1854 年 2 月 21 日，俄國與法、英之間的外交關係斷絕。3 月 28 日，英國維多利亞女王正式向俄國宣戰。法國也加入英國同盟，也宣告為保護土耳其而戰。

歷史上著名的克里米亞戰爭就此爆發了。

長期以來，英國人民把英軍不可戰勝的神話當作他們堅定不移的信條。英軍以往的戰績，使他們充滿了自信。他們認為，英軍是世界上最強大的軍隊。這支在滑鐵盧廝殺過拿破崙的軍隊，攻城拔寨，驍勇善戰，是攻無不克、戰無不勝的。

但是，英國的普通公民可能並沒有意識到，今非昔比，自從滑鐵盧戰役以後，一眨眼 40 年的時間過去了，情況早已發生了巨大變化，英軍的戰鬥力已經驟然減弱。開赴戰場的遠征軍，啟程出發前的部隊給養供應、衛生保健以及傷病員的醫療，都已經混亂不堪，這使得英軍更像是一群烏合之眾。

1854 年春天，表面上看來，人心普遍穩定，軍隊步伐整齊地路過倫敦市區，走上戰船準備參戰，人群歡呼雀躍地送別他們。但是，誰也不知道，這支部隊是多麼的不堪一擊，他們並沒有強大的後援部隊，軍需給養也毫無保障。這樣一支軍隊，面對給養充足而同樣善戰的俄國大軍，幾乎注定要潰敗。

戰爭的第一階段，最初不是在克里米亞，而是在羅馬尼亞。當時，羅馬尼亞還只是土耳其的一個省份。俄國人正在那裡圍困土耳其人，英國人在博斯普魯斯海峽的斯卡特里建立了一個軍事基地。

1854 年 6 月，英國軍隊在保加利亞的黑海港口城市瓦爾那登陸後不久，霍亂開始流行，對於他們來說這無疑是巨大的災難，因為登陸的英軍成了傷病大軍，士兵自動減員導致無所作為。這時，土耳其士兵浴血奮戰，花費了巨大代價，才暫時解決了在羅馬尼亞境內的危機。

在這種情況下，聯軍整頓軍隊，欲摧毀俄國人在克里米亞半島塞瓦斯托波爾港龐大的海軍基地。

進攻塞瓦斯托波爾的策略行動，在英國國內的報紙上曾經公開討論過，但後勤部從未得到有關正式指令，這使得他們沒能先期準備，導致英軍在未來的戰爭中非常被動。

一開始，誰也沒有意識到這一點。當英軍在瓦爾那港集結，準備大規模乘船渡過黑海向克里米亞進軍時，才發現問題的嚴重性，因為他們的運輸力量嚴重不足。30000 名士兵已經把運輸船塞得滿滿(的)，像幾隻巨大的沙丁魚罐頭，而馬匹、帳篷、炊具、藥品等軍需物品，自然沒有可以存放的地方，於是，被通通丟在後面。

9 月 14 日，給養嚴重不足的英國聯軍在一個海灣登陸，他們並不知道可怕的戰爭災難，就在前面等待著他們。

具有諷刺意味的是，英軍登陸的這個海灣的當地名稱，翻譯過來正好叫做「災難之灣」。難怪與軍隊同行的一級軍醫亞歷山大爵士不禁大聲疾呼：「一切都是那樣草率、匆忙、混亂！既無醫療運輸船，又沒有擔架、藥品、車輛，一支龐大的部隊，就這樣在異國土地登陸，這等於是自投羅網。」

一個星期以後，大規模的戰爭打響了。

英法聯軍經過激戰，暫時贏得了阿爾馬河戰役的勝利，俘獲了俄軍的大量軍事裝備。但這次戰役中，傷員卻付出了慘重的代價：沒有綳帶，沒有麻醉用的氯仿，沒有嗎啡……他們陷入了可怕的窘境，傷員們像螞蟻一樣到處分布。

這時，英軍才在斯卡特里向土耳其借了一棟年久失修、大而簡陋的建築物作為臨時醫院。因為事先未經整頓，不僅外表破舊，內部也凌亂不堪，而且沒有醫療裝置。

從阿爾馬河戰役中退下來的傷員、病員，忍受著黑海海面的驚濤駭浪，向斯卡特里兵營醫院集中。到達兵營醫院後，由於沒有床位，他們只好睡在地鋪上，身上仍然裹著戰場上下來時那些浸透了膿血、糞汙的軍毯。由於沒有醫生，根本沒人過問他們，有的甚至一天一夜都沒有喝到水。

倫敦《泰晤士報》的戰地報導曾這樣寫道：

此刻，戰場正下著大雨。天空如潑了墨一般黑暗。狂風像野獸般怒吼，震撼著天地，搖動著帳篷。帳篷中的積水深達幾十公分，士兵們不但沒有雨衣，而且連禦寒的衣物都沒有。他們常常一連站立 12 個小時來保衛堡壘。士兵嘗盡了一切發生在冬天的戰爭所不可避免的苦痛。

苦痛之下，他們寧願死去，沒有一個人願意活著受罪。事實上，在倫敦雨中徬徨的乞丐都比受傷的士兵們幸福得多，人民要切記這個事實。

野戰病院裡器材和藥品很缺乏，到處都惡臭撲鼻。重傷的士兵無法治療，只有坐以待斃。傷兵都由其戰友背負而來，但一旦放下他們，卻沒人來照料……

英國人民讀了這些報導後，才知道士兵們的悲慘情況，不覺大吃一驚。在聯軍阿爾瑪河大戰旗開得勝之後，英國政府揚揚得意，當時《泰晤士報》的報導，無疑是在他們頭上澆了一盆冷水。12 日，《泰晤士報》的第二篇報導被刊登在報紙上，這是一篇很長又很詳細的戰地報導：

我相信前線戰士由於沒有健全的醫療裝置，以致無法得到完善的治療而慘痛死去的訊息傳到後方，必定會引起一陣騷動或令人無法相信。

但這確是事實，不僅醫護人員不足，就連包紮傷口的繃帶也奇缺，我真不知該如何表達內心的憤怒和這慘痛的事實！那些不忍目睹這種慘狀的百姓們，紛紛捐出舊衣服和床單代替繃帶使用……

接著，第三篇報導又來了：

幾天來，令人悲痛的景象使我對軍隊醫療裝置的貧乏感到悲憤與震驚！受傷和生病的士兵根本沒有被當成人來看待。他們獨自呻吟，得不到醫護人員的照顧。

法國軍隊的情況就比較好，他們不論是醫療技術或是裝置都很完善，又有足夠的外科醫生，以及 50 多位受過嚴格訓練、具有服務和犧牲精神的姐妹會會員來協助醫療工作……

19 世紀的英國制度中明文規定，妻子可以隨丈夫出征，下面這一封追隨丈夫遠征的士官夫人所寫回來的信，也引起了社會人士的注意：

多麼悲慘的事啊！如果你也能目睹這些可怕的景象，相信你會和我一樣悲痛欲絕。站在簡陋的寬敞而空蕩的臨時醫院裡，卻仍然可看見外面街道上到處凌亂地橫躺著受傷和生病的士兵。

他們與我雖僅咫尺之隔，但我已無法再騰出絲毫的空位容納他們。眼看著這種慘狀，我卻愛莫能助，只有盡量不去想他們，以求得片刻的安寧，因為我和另一位士官夫人都不懂醫療知識，我們唯一能盡力的就是炊事工作。這裡太需要護士了，卻一位也沒有。

可想而知，法軍裡的 50 多位護士每天所要做的事是多麼繁重，你應該可以想像得到……

戰地報導和不斷傳來的訊息，使英國全體人民悲憤不已，嚴厲譴責政府和深切同情戰場上的同胞。為什麼會發生這種情形？為什麼一個國家的陸軍醫療裝置會簡陋到這般地步呢？

14 日，《泰晤士報》發表《不要遺棄遠征同胞》的社論，向英國人民呼籲：「難道英國的婦女中，就沒有人肯獻身為在戰地醫院裡受苦的士兵們服務嗎？難道我們英國人自我犧牲的精神不如法國人嗎？」

這篇社論引起了英國人民的熱烈反應，為了拯救遠方的戰士及慰問他們的辛勞，大眾紛紛響應，捐款捐物，報名參加志工活動。僅僅一天的時間，就收到高達 2000 英鎊的捐款。

而這時的南丁格爾，早已經蠢蠢欲動了，她的心早已飛到了前線，這就是克里米亞戰爭賦予南丁格爾的使命。

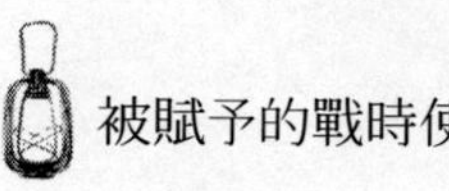

生命中的輝煌時刻

對於克里米亞戰爭，南丁格爾對社論的關切遠遠超過了那些大眾。她彷彿真的聽到了那些傷病士兵們痛苦的呻吟聲，他們的哀號時時刻刻都縈繞在南丁格爾的耳邊。

34 年漫長的歲月，她所做的點點滴滴，似乎都是為了等待這一天的來臨，只要她認為該做的，就從不猶豫。於是南丁格爾決心出面組織戰地救護隊，奔赴前線為傷病士兵服務。

主意既定，南丁格爾就毫不遲疑地行動了起來。首先，她在熱情的志工當中挑選了幾名技術高超、品德高尚的護士作為支持救護隊的成員；其次，為了擺脫家裡的桎梏，她特意請舅舅去恩普利向父母求情；她還拜訪了陸軍醫療總監，詢問是否需要她們隨船運送一些醫療器械，甚至還安排好了奔赴前線的行程。

一切都在按計劃進行，但最重要的還是要獲得政府和軍方的許可。於是，南丁格爾向現任陸軍財政大臣史德尼‧賀伯特的夫人寫了一封請願信：

親愛的賀伯特夫人：

今天早上我到府上拜訪您，但因事前不曾與您取得聯繫，以致拜訪未遇。我現任醫療督察，關於組織自願醫護隊前往斯卡特里的計畫，希望能與您的先生作一次詳談。

一位非常熱心於社會公益事業的夫人，捐了200英鎊作為3位護士的費用，因此吃、住以及一切費用，我們都可自己供給，絕不會給政府增加負擔。

我雖不敢完全相信《泰晤士報》的報導，但我確信我們將有助於可憐的傷病士兵。

不知賀伯特先生有什麼意見？官方是否會反對？萬一有不方便的地方，希望賀伯特先生能給我一封推薦函，這將使我感到無上的榮幸並不勝感激！

至於醫院所需的用品，應當注意些什麼，請賀伯特先生不吝賜教！我曾問過陸軍醫療總督，他說無須任何物品，但為慎重起見，還是請教您的意見。

舅舅已經替我到恩普利去請求父母了！至於要得到陸軍大臣的許可，是否需要我寫申請書呢？致我最敬愛的夫人。

您的好友南丁格爾敬上

而這時，賀伯特的桌子上也堆滿了志工的請願書，看來人員已不成問題了，但是由誰負責呢？這並非任何人都能做到的，選來選去，他覺得只有自己的好朋友南丁格爾最合適。因為她不僅有豐富的醫護知識、無私奉獻的精神，更重要的是她有優秀的組織和領導才能，於是賀伯特也給南丁格爾寫信請她接受邀請。

親愛的南丁格爾小姐：

相信你在報上也知悉，我們的士兵在戰鬥中傷亡很大。斯卡特里的醫院，特別缺乏護士，這已經成為非常棘手的問題，另外還缺乏繃帶、紗布、被褥等。

相對於護理這一問題而言，醫用品不久就可解決。我已經通知有關方面進行準備，醫藥、酒精、澱粉、食品，已經先期發出。在幾天之後，如果不出意外，新鮮補給品也即將抵達。

缺乏女護士的問題更加突出，這對軍隊來說甚至是致命的！我不能容忍這種局面的出現。除了男護士外，從過去到現在，在英國的戰地醫院，尚未有女護士的先例。通常，對於作戰部隊來說，他們不可能配備大量的女護士。

不過，在斯卡特里，有一所非流動的後方醫院，因此，我們寧可開一個先例。我也認為，沒有任何理由反對接納女護士。我不是一個觀念保守的人。相反，我認為接納女護士有很多現實的好處……

但是，儘管如此，護士隊伍的選擇並不容易，對於這種情況，沒有誰比你更清楚，你是護理業的行家。我們要選派一支得力的護士隊伍，就要找到那些能承擔任務的女性，使她們加入隊伍的行列。她們必須具有必要的護理知識、良好的願望、充沛的精力、巨大的勇氣以及無私奉獻的精神。

作為這支隊伍的管理者，管理任務也是相當艱鉅的。除了負責自己的隊伍以外，還要與那裡的軍官密切配合，這並不容易。因此，我們需要的是富有經驗、懂得管理的人，而不是一無所能的平庸之輩。

據我所知，目前，全英國只有你最合適前往擔當此任，全面負責那裡的組織和監督工作。我希望你能夠接受這項光榮而艱鉅的任務。當然，為使你能順利完成這項使命，我會給予你的工作以力所能及的支持，你將全權負責此項工作。而且，我可以向你保證，軍醫們得與你通力合作，減少你在工作中遇到的一切阻力，你也有權要求政府提供任何必要的支持。

仔細權衡之後，我認為，只有你會給這項工作帶來光榮。你知道，有的女士雖然熱情有餘，但經驗不足，用不了幾天，就可能撒手不管，半途而廢；或者因為效率低下，從而影響到別人的工作，帶來意想不到的後果。我之所以希望你擔當此任，是因為你個人的品德、你的知識、你的管理經驗、社會職位和地位，使你在這項工作中的優勢顯而易見。

我知道，護理事業在英國一直承受著巨大的壓力，尤其是對於女性而言。不過，如果這項工作取得成功，各種偏見和誤解就會煙消雲散，前所未有的美好事業即可完成。

總之，我知道，你會考慮我的建議，並作出明智的決斷。上帝保佑，希望我的願望可以獲得實現，使目前的糟糕局面有所改觀。

你的好友席德尼・賀伯特敬上

隨後，當南丁格爾欣喜地展讀賀伯特的來信時，賀伯特也在滿心喜悅地閱讀著南丁格爾的自薦信。就這樣，南丁格爾一生中最輝煌的一頁徐徐掀開了。

勇敢踏上前線

在賀伯特和南丁格爾互相通訊後，兩人就開始見面商討這件事的詳細計劃。接著，土耳其英軍醫院看護監督任命書就送到了南丁格爾在恩普利的住所。

此訊息一經釋出，世人對南丁格爾是什麼人產生了很大的興趣。在上流社交界和醫護界，她是為人所熟知的，但是一般人卻對她了解不多。

《埃莎米那報》對南丁格爾曾有這樣的一段文字介紹：

她是才學兼優的年輕淑女，通曉古代語言和高等數學，在一般藝術和科學、文學等方面也有很深的造詣。

她能講法語、德語、義大利語，運用起這些語言來就如本國語一樣的流暢。此外，因為她曾多次到法國、德國、義大利等國家旅行，所以對歐洲各國情況頗有研究。

出身於高貴家庭而稟性溫和的她，能說服任何一個人。

這一段介紹文字還在世界各地的報紙上刊登出來，其間當然不免有冷酷的批評。

女性恐怕不能適應土耳其的氣候吧！而且，女性不能像士兵一樣地訓練。恐怕到那兒去，反而要人照顧呢！

如果一定要派遣護士的話，為什麼不選擇那些已婚的婦女呢？沒有生育和養育過子女的女人，怎能做得了看護病人的工作呢？

南丁格爾絲毫不為這些譭譽所動，她已經開始進行籌備工作了。她以異常冷靜的態度預計以 4 天的時間徵集護士、縫製制服、買船票、訂房間……

護士徵選就在賀伯特夫婦倫敦的家中進行。遺憾的是應徵者中沒有一個人是自願的。這些人絕大多數都是以「錢」為目的。護士隊除了免費供應飲食、住所和制服之外，每星期還有 12 ～ 14 先令的薪酬，表現好的話還可增至 16 ～ 20 先令，這對於當時薪水微薄的護士而言，的確是十分優厚的待遇。

參加的每一位女性護士都必須在同意書上簽字，表示絕對服從南丁格爾的領導，並以友善、謙虛的態度與軍方相處。如果與部隊士兵發生衝突，即使對方只是一個普通士兵，挑起事端的護士也將被立即開除。

在護士隊的成員中，沒有一位是年輕女性，幾乎全是肥胖的中年婦女。她們之中只有 14 人有在醫院工作的經驗，其餘 24 人都是屬於宗教團體。南丁格爾強調，護士隊不屬於任何特定的宗派。

「選擇女性護士的標準應該視其是否適合做護士的工作，而不是根據宗教上的信念來論斷……」

護士隊的成立受到馬尼神父的大力支持，這使天主教會做出空前的讓步。他們分別從諾伍德醫院和其他修道院派出 5 名修女加入到護士行列，並承諾這 10 名修女完全服從南丁格爾。

此外，還有來自其他宗教團體的修女，也在史德尼·賀伯特等人的奔走交涉下陸續加入，並願意接受南丁格爾的領導。南丁格爾從這些志工中挑選了 38 位最合適的人選，她們在當時都算得上是不可多得的醫護人才。

在全國人民的熱情歡送下，一個富有歷史意義的時刻誕生了。南丁格爾和她的護士隊踏上了奔赴前線的征途。與護士隊同行的還有佛洛斯·布里基夫婦、牧師以及負責將國內捐款送達前線的《泰晤士報》特派記者馬克。

這天，南丁格爾穿著樸素的黑色衣裳，臉上泛著常有的微笑，跟送行的人一一握手道別。在她的前面，危險的戰場正等待著她。肩負這份重大責任的人，是不易以平靜相迎的，但是南丁格爾的心卻像止水一般的安靜。

1854 年 10 月 21 日，南丁格爾率領的護士隊從倫敦橋出發。她們預定經過達布倫、巴黎、馬賽，並將在馬賽補充大量物資，坐快船前往君士坦丁堡。

當她們一行到達英吉利海峽對岸的法國達布倫時，受到了達布倫人民傾城而出的歡迎。港口的漁民、成年的年輕人和婦女們自告奮勇地為護士隊提行李、引路，而且不接受任何小費和致謝，連飯店的主人都說：「你們可以隨意使用飯店，晚餐大家盡量吃，本店免費招待『英國來的天使』！」

這一切都令南丁格爾她們感到非常的興奮和溫暖。只有一點小插曲令人不愉快：護士隊裡那些自認為高貴的女人不願意與其他護士同桌就餐。南丁格爾不想一開始就鬧得不和，便暫時順著她們。她自己則與護士們同桌，替她們翻譯法語，還講了幾個因語言差異而發生的笑話。

來到巴黎時，她們同樣受到市民們的熱烈歡迎。熱情的人民幫忙把她們送到梅雅莉和她丈夫朱利亞士準備的大飯店。

第二天，她們向馬賽出發。

一到達馬賽，南丁格爾就忙著訂購各類物資，除護士隊的醫療用品外，還有陸軍緊急委託她為前線部隊採購的其他物品。在她自己狹小的寢室內，南丁格爾忙著和各類批發商及零售商交涉、核實，還得抽空接待法國政府的代表、英國領事館官員和法國報界的記者，以及專程趕來詢問她「旅途中是否需要以維多利亞女王的名義獲得幫助」的女王使者。

這個時候的南丁格爾，散發著與過去完全不同的美，不同的韻味，堅定的眼神、上揚的嘴角給人一種深刻的印象。

10 月 27 日一早，護士隊就搭乘「佩克提斯號」快船到達馬爾他島。這不是一段愉快的旅程，因為船上衛生不是很好，蟑螂到處橫行，老鼠也很猖狂，把護士們尤其是那些尊貴的婦人們嚇得尖叫逃竄。由於風浪的關係，船身又搖晃得厲害，許多人暈得昏天黑地，弄得大家都十分不舒服。

好不容易撐了過去，但在隨後的航程中，這艘船又遇到了暴風雨，船身在浪尖谷底裡顛簸折騰，護士們噁心嘔吐得死去活來。幾個修女相信她們過不了這一劫，便找到南丁格爾，想為她作最後的祈禱。

不料南丁格爾笑笑說：「我的想法和你們完全不同，我也相信神的旨意，所以我認為，在什麼事都還沒來得及做的時候，我們都會平安無事的。我寧肯把這看作是神對我們的一番忠告：未來的日子不是一帆風順的。我要去看其他的姐妹們了，你們禱告吧，但不是最後的哀告，應該是美好的祝福！」

她們的船在博斯普魯斯海峽顛簸前進，終於靠近了土耳其的君士坦丁堡。護士們冒著大雨擠到甲板上，眺望著代表安全的陸地。風雨中，城市的面貌看起來像一張退了色的舊照片，既親切又遙遠。船長指著海峽對岸高處的一長列石頭房子告訴大家，那就是斯卡特里陸軍醫院了。

上岸前，雨漸漸停了，陽光透過厚厚的雲層，照亮了海峽一側的海岸。英國駐土耳其大使特拉派書記來港口迎接。護士隊還得再渡過海峽去對岸的斯卡特里醫院。

當接運她們的小船靠近搖晃的棧橋時，護士們看見靠近岸邊的海水裡漂浮著死去的腐爛的馬屍，岸上還有因吃不到馬屍而狂吠的野狗。她們順著陡坡望去，三三兩兩衣衫破爛、步履蹣跚的人，互相扶持著朝醫院走去，此番情景不由得使她們打了一個寒戰。

從岸邊到醫院，還有一段長長的陡坡，路面上淨是泥濘和垃圾，幾乎無處下腳。幾位嬌氣的貴婦高高地提著裙襬，狼狽不堪地一步步挪動，無力顧及她們的行李，南丁格爾和另一些護士不得不多跑幾趟，替她們搬運。路滑得很，一不小心就會讓人跌個仰面朝天，令人哭笑不得。為了鼓舞士氣，南丁格爾有時還故意做些惡作劇讓大家保持愉快的心情。

經過艱苦的長途跋涉，南丁格爾一行終於到達了目的地。醫院方面，已經有相關人員前來迎接了。他們為護士隊舉行了簡短的歡迎儀式。

進駐荒廢的營地

來到土耳其營地，南丁格爾一行人更加發現，這裡有多麼的破爛不堪。營地的中央有一個空曠的小廣場，廣場上一覽無餘，四個角各有一個瞭望塔，看上去十分陳舊。在密如蛛網的兵營建築群中，還有一個倉庫、一個馬廄和一間食堂。食堂裡出售很多質量低下的烈性酒，它們是士兵們化解、轉移痛苦的必需品。

另外，她們無論如何也想像不到，醫院的地下室深處是另一番天地，那裡的苦難比起上面的人，可以說是有過之而無不及，裡面有許多陰暗、潮溼、發出一陣陣惡臭的簡陋房間。

房間裡住的是不幸的英國女人，約有 200 多名隨軍婦女就生活在這裡面。她們整天在這裡酗酒，過著妓女般的生活，境遇非常悽慘。由於衛生條件極端惡劣，不少人已經死於霍亂，並被草草地埋掉。

此地與君士坦丁堡城之間，交通並不方便。唯一的交通工具便是渡船。斯卡特里原來是君士坦丁堡主要的公墓所在地，向來非常清靜，很少有人光顧。所以，這裡既沒有商店、酒吧，也沒有集市。戰爭開始後，營地四周臨時出現了一些帳篷，用作酒館和妓院。

那兒沒有設碼頭，僅有一個拱形臺，只夠停靠小船用。傷員們只能被從運輸船轉移到土耳其輕舟上，再劃過拱形臺。登陸後，他們被攙扶下擔架，步履艱難地走上粗糙的地面，再爬上陡峭的山坡。

情形之惡劣一目了然，這已經使人們的心情相當糟糕，而在這片龐大建築物表象的背後，還隱藏著更為可怕的災難。醫院原本是提供救治的地方，由於衛生條件極其惡劣，再加上醫療裝置的缺乏和落後，致使這所戰地醫院成了瘟疫的滋生地。

更具諷刺意味的是，這裡的死者絕大多數並非死於原有的戰傷，而是死於來此之後才染上的疾病。換言之，他們不是死於戰場之上，而是在這裡被瘟疫「殲滅」掉了。

塞瓦斯托波爾戰役之前，部隊由於傷病、飢餓，並且又暴露在惡劣的環境下，無法得到及時的救治，患病率一度很高。當他們拖著傷病之身，被送到斯卡特里，並且住進軍營醫院後，由於建築衛生條件太差，很容易引起高燒，加上營養不良，環境骯髒和擁擠不堪，往往大量地死在軍營醫院中。

1854 年 11 月，當南丁格爾到達這裡的時候，食品、藥品、醫療必備品均已極度短缺，對此，軍醫們也是束手無策。而且，嚴冬已經迫近，更大的災難將會降臨。

這種嚴重的局勢，無論是在當地，還是在英國國內，當時都已有人察覺到了，但是，他們卻是心有餘而力不足。面對英軍醫療管理制度的腐敗、混亂，他們都無計可施。

當時，負責軍隊醫療衛生事務和醫院管理的共有3個部門：後勤軍需部、糧秣總監部和衛生部。並非他們不肯努力改變現狀，連續40年的經濟蕭條，已使這些部門拮据至極。

例如，因為發不出薪資，不得不實行全面的「精兵簡政」，糧秣總監部的主管人員，在不得已的情況下，已很快削減至4人。由於人手缺得要命，當戰爭爆發時，這個部門顯得非常無奈，因為，他們幾乎派不出一名稱職的糧秣長官。

最後，經過長時間的斟酌，糧秣長官沃爾德先生被派往斯卡特里，他已經年逾七旬，整天不是氣喘吁吁，就是咳嗽不止，人稱「可憐的老沃爾德」。彷彿是為了與他的年齡和身體狀況相適應似的，他所率領的後勤處，竟然只有兩名並無經驗的文書和3名兼做信使的勤務兵。

兵站司令官菲爾德先生的處境也好不到哪裡去，因為家裡家外他也只有3名下屬，他們不得不超負荷地工作，管理整個克里米亞戰區的軍需供應。因此，醫院的供應狀況緊張、混亂也是情理之中的事。菲爾德先生後來對政府檢查團抱怨說，他在這裡工作了好幾個月的時間，竟然根本不清楚他同糧秣部之

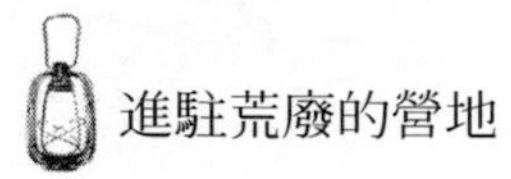

間的職責界限，因為沒有人能說得清楚，就連上級部門都有些迷迷糊糊。總之，這是英國軍隊在建制方面存在漏洞的結果。

軍醫同糧秣官的職責界限變得更加模糊。這導致的一個必然而又可氣的結果是，軍醫儘管可以慷慨地給傷病員開列各種特殊膳食，但傷員實際上能否得到這些照顧，則是另一回事了。

軍需部和糧秣部本身的權力也很有限。根據當時英國的軍事條例，軍需部僅僅有權供應開列在認可書上的物品。結果，出於這種認可，很多軍需品常常被無故拖延，進而造成軍用物資的匱乏。

條例還規定，傷員入院時必須攜帶本人原有的被服、食具。而實際上，絕大多數傷員在到達醫院時已經是孑然一身，一無所有。因運輸能力有限，或者別的原因，傷員們的被服、食具通常被滯留在前方戰場上。即使是這樣，糧秣部也從不考慮提供這些起碼的必需品。

戰地醫院的混亂場面，就是這些不合理制度造成的惡果，當軍醫孟席斯大夫最初突然接到指令，把原來的土耳其軍營改成醫院，準備收治阿爾馬河戰役的傷員時，他只能把這個指令轉給「可憐的老沃爾德」。至於糧秣部能否在這麼短的時間內把斯卡特里的基地、酒店變成適用的醫療場所，他就顧及不到了。

沃爾德老先生卻又無權動用軍需費用到外面的市場上徵購

物資，而他所急需的物資都是認可書上所沒有的。他只好照章行事，向軍需部報告，請求火速補給。

軍需部只在他填報的物資單上填寫「庫存無貨」的字樣，事情就此了結了。

對於諸如此類的「陰暗局面」，士兵們仍然矇在鼓裡。他們成了這場戰爭名副其實的犧牲品。傷兵懷著求生的希望，一批接一批地到達這裡，被堆在破陋不堪的兵營裡，痛苦萬分地等待渺茫的生機。冬天已經迫近，許多傷員卻沒有衣服禦寒，更有甚者赤身裸體地躺在泥巴地上。

從另一方面說，在某種意義上，正是軍官們的漠不關心以及他們對待普通士兵的野蠻態度，導致了英軍在克里米亞戰爭中的失利。在殘酷的戰爭環境中，軍官與士兵都經歷並忍受了極大的艱苦與犧牲，而且，軍官們也可謂是勇敢、堅強、不屈不撓。但是，他們對待自己的士兵，似乎卻並不在意，這讓南丁格爾非常憤怒。

斯卡特里的軍醫們最初得到南丁格爾被任命為前線醫護團總領隊的訊息時，不由得十分反感。原因極其簡單，因為醫務人員嚴重短缺，他們長期加班工作，早已疲憊不堪，心情灰暗，沮喪到了極點。他們原本指望有「精明能幹」的「鐵腕人物」來這裡，以便迅速地改變現狀，而現在，他們萬萬沒想到，來拯救他們的卻是一位來自上流社會的年輕「貴婦人」，還有她那幫看上去嬌慣吃不得苦的護士。

軍醫們滿腹牢騷，猜測紛紛。有人說這個叫南丁格爾的女人將來必是大家的包袱，她是一個多事的討厭鬼；有人則說，她是政府派來的密探，讓大家小心提防。

與軍醫的較量

「我並不完全相信《泰晤士報》的報導。」南丁格爾出發前在給賀伯特夫人的信中這樣寫道。但現在她親眼看見的，不僅不亞於新聞報導，其悲慘的狀況還遠遠超出了她的想像。

南丁格爾看到這一切後立刻寫信告訴賀伯特，她說：「國內各報對戰地醫院的描述和實際悲慘的狀況，完全是兩回事，這裡簡直比地獄還要悽慘！」

年久失修的古建築被用來充當醫院，除了寬敞之外，根本沒有哪裡符合做醫院的條件。在這裡沿房而築的簡陋下水道，不但無法流通，而且積滿了髒物和散發著惡臭的汙水，三分鐘熱風起，臭氣瀰漫到走廊和每一個病房，令人作嘔。

走進病房，地板磨損剝落，千瘡百孔，隨時可能把人摔傷。牆上積滿了厚厚的灰塵，成為毒蟲、微生物的大本營。汙穢的環境使老鼠橫行無忌，經常跳上病人的被褥，甚至咬掉病人的鼻子、腳趾頭……

斯卡特里醫院由於傷病員過多，雖然很大卻也顯得擁擠不堪，每兩張簡陋的床間只有 0..8 米的狹小距離，每張單人病床上必須容納 4 位傷員。

無論是因受傷或手術失去手腳、因發高燒而不省人事、或因凍瘡而傷口潰爛發臭以及因赤痢、霍亂的侵襲而垂危的各種傷病員擠滿了醫院的每一寸土地。病人沒有按病情分開，醫院也沒有採取任何隔離措施，這使得病人們出現了交叉感染。

這樣的醫院，要供應足夠的日常用品不是件容易的事，首先感到匱乏的就是病床和毛毯。在這種物資匱乏的環境下，只好用粗糙的帆布做床單，用空的啤酒瓶或葡萄酒瓶來代替燭臺。但是日常不可或缺的浴盆、毛巾、肥皂、掃帚、抹布、臉盆、盤子、刀叉、湯匙等生活基本物資卻一樣也沒有。至於病人所需的醫療用品，如擔架、繃帶、消毒燃料以及藥品等就更不用說了。

醫院為新來的護士隊騰出了 6 間房，還包括廚房和一個狹小的房間。這裡原是 3 個軍醫的宿舍，現在卻要擠上約 40 個人，而在醫院的另一角，同樣大小而且更好的一片住房，只住著一位少校軍官。分給護士們的這些房間陰暗、潮溼、骯髒，房間裡沒有任何擺設。看到如此破敗不堪的住所，不但護士們有些不滿，就連陪同她們的軍官也覺得很尷尬，沒一會兒就灰溜溜地躲開了。

南丁格爾決定，最大的房間住 14 名護士，稍小的房間住 10 個人，她自己和佛蘿斯．布里基太太住那間最小的，布里基先生和男譯員信使住一間兼做辦公室，擔任廚師的克拉克太太與她的幫工晚上將就住在廚房，樓上還有一個房間，由其他 8 名護士合住。

房間分派好後，這些護士跑上樓去檢視，馬上又大驚失色地跑下樓來，因為房間裡還停放著一具俄國將軍的屍體。佛蘿斯・布里基先生只好喊來兩名士兵，趁護士等候時把屍體運走了。

房間未經打掃就住進去了，因為根本也沒有工具可打掃。這裡沒有床鋪、被褥，沒有食物，更沒有打掃的工具。南丁格爾獨自出去，到醫院找來了幾個鍍錫鐵盆盛茶水用。大家安排得當坐下喝茶時，她講起了剛剛打聽明白的事：

在這個所謂的「醫院」裡，幾乎沒有任何裝置。不要說家具，就連最普通的日常生活用品也沒有，這些鐵面盆便成了「萬用盆」。而且每天的用水量有限，包括盥洗和飲用。說到這裡，南丁格爾告訴大家，目前最好忘掉洗澡和洗衣。護士們聽了面面相覷，無言以對。

沒有床鋪，護士們夜裡只能睡在從醫院辦公室借來的長椅上，早晨還得趕緊送還回去，等晚上睡覺時再借；沒有被褥，她們只好將所有的衣服都拿來裹在身上。

第一天夜裡，儘管大家旅途勞頓，身心疲憊，但大多數人還是徹夜難眠。不遠處傷病士兵的痛苦低吟不絕於耳，老鼠整夜在桌子下亂竄，跳蚤也異常活躍，再加上時令已經是初冬，寒氣逼人。但就是在這樣艱苦的環境下，護士們仍然有理由感到滿足，因為她們知道傷員們的痛苦比這還要大得多。

最初幾天，她們的日子過得很是難受。軍醫們根本不理睬南丁格爾，有意冷落她、孤立她，以此表示對她的不屑和懷疑。只有一位軍醫良心仁厚，在第二天，就接受了她提供的護士和醫療器材。不過，他以後便同樣銷聲匿跡了，恐怕是人單力薄，不得不順從其他人的緣故。

南丁格爾見此局面，感到很生氣，便決定暫時按兵不動，等軍醫們自己找上門來尋求幫助。她意識到，在她能真正投入工作之前，有些護理工作以外的影響因素是必然存在的，她對此早有準備。她必須贏得軍醫們的信任，這樣，才能夠順利開展工作，因為孤軍作戰幾乎沒有多大意義。

為此，南丁格爾不得不違心地採取了這樣的態度：她決定不再主動提供護士和醫藥儲備，而是以靜制動，耐心等待軍醫們向她求援。她將顯示出這樣一種姿態，就是她和她的護士隊，同樣會團結一致，既不干擾軍醫們的工作，也不想吸引他們的注意力，她們準備完全「屈從」於軍醫們的權威。而且，她也要讓軍醫們充分意識到，她和護士們都將聽從軍醫們的調遣和使用，不會對他們有任何為難。

然而，在局面如此緊張而迫切的情況下，做出無動於衷、無所作為的樣子，是需要極大的自我克制的。由於遭受孤立，暫時無事可做，南丁格爾便吩咐護士們自覺行動起來，在宿舍裡清點物資，縫製破舊的床單、衣物、枕頭、吊腕帶等，做到未雨綢繆，以備日後使用。她們就這樣忙活起來了。

每當護士們和南丁格爾站在傷兵的病榻旁邊，眼看著傷員們痛苦的情形，自己卻因為沒有軍醫的指示而不敢貿然行事時，心中隱隱作痛。

過了差不多一個星期，護士們就開始沉不住氣了，有的開始抱怨南丁格爾。有的人說：「我們大老遠地從英國來到這裡，究竟是為什麼？難道就為了做這些細微的瑣事嗎？」

就在這時，由帕拉庫拉瑪帶來的傷兵在斯卡特里下船了。和以前幾次一樣，傷兵人數如潮湧般地增多，而醫院的情形，不但未見改善，反而日益惡劣。

然而，南丁格爾還是堅持不准護士們擅自行動。她只將護士們略作排程，一部分人留在臨時醫院，一部分人被派往 400 米外的陸軍醫院，並嚴格規定：夜晚所有在外的護士一定要回到臨時醫院就寢。

由於在廚房的表現，南丁格爾在醫院中總算站得一席之地。

南丁格爾發現，要想在這所戰地醫院裡做些像樣的食物，實在是難度巨大，甚至是毫無可能。全部炊事用具就是 13 口土耳其式的大銅鍋，每口銅鍋的容量大約是 55 加侖。傷員飲用的「茶水」，就是在這種未經涮洗、煮過肉的銅鍋中煮成的，味道很難聞，自然很難下嚥。

分給每個病房的豬肉，都要事先交給各個病房的值班員，拴上一條破布，或是插上個鏽釘子之類的東西，做好標記後，再放入鍋中去煮。值得一提的是，煮肉的水一般根本燒不開，因為燒鍋的柴火都是些青樹枝，燃燒得並不充分，頂多是嗆人的濃煙而已。所以，士兵根本吃不到真正煮熟的肉。

這些半生不熟的肉，由各個病室的值班員領回去，常常就在他自己的床板上切割，再分給病房的傷病員。這樣的食物，這樣的吃法，連健康人吃下去都難以忍受，不難想像霍亂、赤痢患者吃下這種肉會產生什麼後果。因此，長期以來，傷病員個個飢腸轆轆，且經受著腹瀉的嚴重折磨，此情此景，實在令人不寒而慄。

這種種惡劣的情況，直至南丁格爾開設了「小灶」才有所改觀。

在馬賽短暫停留期間，南丁格爾就購置了便攜爐灶、牛肉精、葛粉、紅酒等。當帕拉庫拉瑪戰役的傷病員到達斯卡特里時，南丁格爾徵得軍醫們的同意，把滾熱的葛粉粥、紅酒等成桶地抬出來，慰勞那些倖存的傷員。

對於飢餓不堪的傷員們來說，這真是喜從天降。於是不出一個星期，南丁格爾的小屋，立即成了聞名的小灶廚房。大家對這個小廚房津津樂道。以後的 5 個多月裡，這個小廚房，便是唯一能為傷病員提供像樣病號飯的地方。

不過，南丁格爾本人嚴格遵守管理規定，除醫院的軍醫簽字以外，從不自作主張發放任何食品。這一點贏得了軍醫們一致的好感。

到達斯卡特里的第五天又來了一大批傷病員。南丁格爾除了做飯以外，其餘的都顧不上了，她甚至特地鑽研起了食譜，以便更好地照顧士兵們的口味。

在緊張、奔忙、忘我的工作中，他人的偏見和讓人不快的冷遇，都被暫且忘掉了。但是，讓人想不到的是，越來越多的傷病員總是源源不斷地湧進醫院，甚至整整一個冬天沒有中斷，醫院的工作越來越緊張、繁忙。

拯救生命的守護天使

1854 年 11 月 5 日，俄國軍隊強攻居高臨下的英克爾曼，以免除其對塞瓦斯托波爾港口的威脅。面對俄軍強大的火力，英軍奮力抵抗。經過激戰，英軍憑藉瀰漫著的濃霧做掩護，獲得了先機，打贏了這場仗。但是，這場戰役不僅讓他們損失慘重，而且使整個隊伍疲憊不堪。

當時的形勢已十分的嚴峻，由於俄國軍隊人數眾多，而且軍備實力強大，英軍不可能在開春之前攻下塞瓦斯托波爾港口要塞，便打算在塞瓦斯托波爾附近的高地據守過冬。

但讓他們感到無奈的是，那裡既無補給，又無輸送補給的辦法，帕拉庫拉瑪連線高地營區的唯一通道已被重炮的鐵輪碾軋得無法通行。所以，這裡的冬天，對於他們，將是比戰爭本身還要可怕的災難。

正如他們所預感到的那樣，可怕的災難終於再次來臨，當冬天迅速到來時，寒風凜冽，無遮無蓋，物資匱乏的英國軍隊就這樣據守在高地上。為了獲得熱量，士兵們身體靠著身體，但還是凍得渾身發抖，面色鐵青。可以說，所有戰爭的必然後果之一，就是參戰者往往要經受生不如死的肉體之痛。

飢寒交迫的士兵沒有任何燃料，任憑沒完沒了的雨雪灌到脖頸裡面浸透薄薄的軍衣。為了取暖，所有的灌木、所有的樹樁都被他們貪婪地挖掘出來用作燃燒之物了。在沒有燃料的情況下，士兵們只好開始挖樹根、草根，在身體旁邊燃起堆堆小火。他們睡在泥地上，吃的是乾豌豆和半生肉。在這樣的情況下，很多人在呻吟中倒下，病員的比率迅速攀升。

運載首批病員的運輸船未經事先通知便抵達了斯卡特里醫院。軍醫們手忙腳亂，在一籌莫展、無計可施的情況下，開始向南丁格爾小姐求援了，首先要解決的是舖位問題。

南丁格爾小姐馬上帶領她的護士隊，迅速用乾草塞滿了一只只袋子，鋪在病房裡、走廊裡，供病員們躺臥。枕頭、毯子自然是沒有的。隨著人數的不斷增加，幾天後連布袋子也用完了，而病員還在源源不斷地湧來，只好讓他們睡在光禿禿的地板上。

到後來，長長的走廊上密密麻麻地躺滿了病員，像是密集的蜂群。由於人員眾多，彼此之間幾乎連空隙也沒有。地板無法打掃、無法擦洗，爬滿了各種害蟲。害蟲之多達到了讓人無法插足的地步。

當志願隨軍的牧師奧斯本跪在地上俯身為快要死去的士兵記錄遺言時，他的筆記本上竟密密麻麻地爬滿了蝨子。這種景象，是這位牧師有生以來從沒有見過的。他驚慌得要命，甚至對自己的牧師職業產生了懷疑。

軍醫們其實都很敬業。儘管壓力很大，但他們並不退縮，個個都像獅子一樣奮不顧身地投入工作。但是，畢竟傷病員太多了，他們也不免有些力不從心的感覺。有的傷員入院兩個星期，還未曾見到外科醫生。當時，那裡既沒有手術檯也沒有帳篷，截肢手術只好在病房裡眾目睽睽之下就地進行，慘叫聲不絕於耳。這種狀況，差不多延續了一週多，其他士兵可以目睹到的這種可怕景象，也持續了一週多。

奧斯本先生描述說，一次截肢手術是「在兩塊木板架子上完成的。在手術後期，因為沒有桌子我只好用我的手臂支撐，另一個外科醫生頂住我的腰。而別的士兵就在附近看著這一切，他們內心的恐懼是顯而易見的，因為他們遲早也要經受這種非人的痛苦」。

在這種情況下，南丁格爾最早的幾項改革之一，就是從君士坦丁堡買來帳篷，把手術操作過程遮蔽起來，使其他傷員不至於目睹他們遲早逃避不了的苦痛，傷員們對此非常感激。

南丁格爾計算了一下，到此刻為止，醫院裡至少有 1000 多名患急性腹瀉的病人，而醫院只有 20 只便盆。另外還有些大木桶整日整夜放在病房裡、走廊裡，供病人小便。過去，由於值班員不盡職責，不願意清理打掃，這些便桶就這樣整天放在那裡，氣味極其難聞。南丁格爾來到後馬上建立值班制度，護士們輪流處理這些馬桶。

她曾這樣記述道：

馬桶的味道，曾經讓人震撼，但和士兵們因無法得到及時救治而紛紛死亡的情形相比，味道不好，又算得了什麼？死亡率之高，令人膽顫心驚，而這只不過才是個開始。

更糟糕的事情還在後面。

不久，天氣變壞，克里米亞地區受到了一場颶風的毀滅性的襲擊。颶風過後，人們驚恐地看到，營地的帳篷被吹得七零八落，有的甚至都成了碎片，而且飛出數千米遠。

巴拉克拉瓦港灣中，所有的船隻都被摧毀了，最後通通沉入海底，而其中的一艘大船剛剛到岸就遭遇了一場颶風。它滿載著被褥和其他過冬給養，結果，一件東西都沒來得及卸下，就「轟隆」一聲沉入了大海。

暴風夾帶著雪的冬天，加劇了受傷士兵的苦難。患赤痢、腹瀉、風溼熱的病人與日俱增。又有幾艘船的病人接連運抵斯卡特里，新運到的病員狼狽不堪，飢寒交迫，滿身蝨蚤。他們已經丟棄了棉衣、鞋子、襯衫，只穿著航髒的滿是窟窿的破布，樣子著實令人作嘔。有時，他們甚至是赤身裸體地來的，連他們自己也都向護士連連擺手，囑咐護士不要走近他們。有的說：「就連我自己的母親恐怕也不願意碰我一下。」

到了 11 月底，醫院的管理系統陷入癱瘓，各個部門都怕擔負責任，招惹非議，誰也不敢出來負責。在這種情況下，一籌莫展的官員們終於認識到，在斯卡特里當前的危難中，只有一個人有能力站出來力挽狂瀾，這就是既有財力、權力，又有能力的南丁格爾小姐。

南丁格爾支配著一筆 30000 英鎊的鉅款，其中，有 7000 英鎊是她個人籌集的，其餘是由各個基金會捐助的。在那個時代，君士坦丁堡還是世界有名的大商埠之一，在那裡可以買到很多物品，這也使得南丁格爾所支配的資金可以派上用場。

所以，在那樣多災多難的情況下，南丁格爾簡直就是天使。

的確，當渾身是蝨子的傷兵經過南丁格爾的身旁時，她毫無憎厭之色。而且人們發現，不論需要什麼，無論是手術檯、奶油布丁，還是其他的物品，只要求助於南丁格爾很快就可以得到解決：每天，她都要仔細了解軍需部門缺乏的必需物品，然後馬上派人從君士坦丁堡買來，再由她依據軍醫簽字的領物單分發下去。

隨軍牧師也曾這樣寫道：「只要軍醫有所要求，她就立刻把麵包、椰子粉、湯汁和其他美味的滋養食品，大盤大盤地送到傷兵的面前，這對醫生的治療工作是非常重要的一環。我由衷地感謝上帝，這些可憐的士兵不再飢渴，不再被人們遺棄！」

所以，沒過多久，軍醫對她的懷疑和誤解便徹底消除了。但是官僚習氣依然阻礙著救護傷病員的工作。雖然南丁格爾有權向政府申請生活及醫療用品，但每逢急需時，卻都因形式或規則等種種原因而無法取得所需的物品，她經常感到厭惡，解盡私囊解決了許多問題。

當南丁格爾在寒冷的夜裡起來巡視時，她發現壁爐裡只剩下星星之火，病人們緊縮成一團冷得瑟瑟發抖，但是三更半夜，官員們絕不會冒著嚴寒為醫院去拿柴火的。於是，她只好把自己房中僅存的柴火搬來。

第二天，南丁格爾向官方提出正式申請，希望上級能拔下更多的燃料。但監督官卻很不高興地說：「你應該知道，每一座壁爐能供應多少燃料，是有數量限制的。」

「這個我知道，但對於特別寒冷的氣候，是否應該酌量增加燃料？」

站在南丁格爾一旁的主治醫師也盡力為病人爭取。

「你的意思我理解，但是否能通過，還要經過會議後才能解決。」

「那就請你們趕快開會決定吧，最好能及時趕上今晚的需要。」

「這怎麼可能？會議得先定好一個日期，再通知與會官員，才能正式召開。何況現在那些重要官員有的出差去了，有的到外地度假去了，還有的生病請假了，最近兩天內，絕不可能召開的。」

「那能不能請你先撥下一些燃料，至於會議的召開或問題的裁定，你們可以等到春天暖和一點的時候，再慢慢討論。」

監督官看著言語帶有戲謔性的醫生，覺得有點難為情，於是便撥了一部分燃料給他們。但是，政府階層繁多，而且一層比一層盛氣凌人，每一個部門的監督官又都有自己的陋規，事情沒有那麼好商量，因此有許多問題無法順利解決。

由於醫院物資短缺，病人大多光著上身，沒有衣服可穿。於是南丁格爾向政府申請 27000 件襯衫，這項要求很快就得到了許可，並且分發下來。當士兵們看見一大包的襯衫寄來時，大家都迫不及待地想要取得自己的一份。

但是，經手的官員說要把襯衫開啟必須經過會議同意後才行，不可隨便決定，任憑南丁格爾費盡口舌，仍然不允許領取。直至兩個星期後才透過這項議案，但是這時候凍死的士兵，已經不計其數了！

軍務大臣得到這個訊息後，立刻來信給補給官說：「現在正處於戰時，一切行事無須過分拘泥於形式，應當隨機應變，緩急有序，不可耽誤公事！」

儘管軍務大臣一再強調，但根植已久的陋習和作風，一時卻無法改變。南丁格爾看到病人的慘狀，心急如焚。對於那些官僚習氣，她內心的憤怒達到了極點。

後來，再遇到類似的情形，南丁格爾只得採取強硬的態度，不再理會什麼會議不會議的，逕自解開包裹，官員們也不再說什麼，因為為了病人的生命，這種做法也無可厚非。

傷兵們都始終穿著同一套衣服，並且都因作戰而破損或沾滿血跡，或因流汗以及塵埃而結成厚重的汙垢，到處可見跳蚤和小蟲子。

「士兵的衣物必須隨身攜帶，不可有任何遺失。」這是軍中的規定，軍醫方面就是以此為理由，不肯分發所需的衣物。

事實是，在戰役中士兵們遵照命令丟棄了揹包，所以他們在傷病後送到醫院時已無衣服替換。南丁格爾在與官員們爭執了一番後，官員們根本不理睬她爭取替換衣服的建議。

於是，在官員們冷漠的態度面前，南丁格爾毫不猶豫地用自己的錢買了許多衣服、鞋襪及其他生活必需品，還做了很多的褲子和睡衣……

在她購進的第一批物資中，包括 200 把洗衣刷和拖地板的拖把。她堅決讓值班員按時把病房和走廊裡的便桶倒掉，及時打掃並清洗地板。緊接著，她又帶領地下室的那些婦女們為所有的傷病員洗衣服。

到了 12 月底，整個醫院的給養實際上已經由南丁格爾小姐負責了。兩個月以來，她按軍醫們的要求，已向傷病員提供了 6000 件襯衣、2000 雙襪子、500 條內褲。

「我倒成了個雜貨商。」1 月裡，她寫信給史德尼．賀伯特說：「現在的我，就像是給赤裸的、可憐的士兵穿衣服的保母。從餐刀、餐叉、湯匙、木勺、浴盆、捲心菜、胡蘿蔔、手術檯、肥皂、毛巾、牙刷，到殺蟲粉、剪刀、便盆、殘肢軟墊等，一應俱全，而且還要兼任清掃工人、洗衣婦。」

塞瓦斯托波爾外圍的情況在繼續惡化。剛進 12 月時，戰地總司令官拉格倫勛爵宣布，又將有 500 名傷員啟程來斯卡特里，而醫院此時實在無法容納更多的人了。

唯一的辦法就是擴建病房。

在斯卡特里野戰醫院這座簡陋的建築物裡，尚有一間髒亂的房間，這是昆蟲和老鼠滋生最多的地方，充滿瘴癘之氣，沒有人敢進去。

在無計可施之際，南丁格爾只好姑且認為，如果加以整頓的話，或許可以緩解一下目前的急需。但是隻有一個軍醫同意，官員卻沒有一個人敢擅做主張。

「改建一個房間，需要一筆可觀的資金。」「這等於重建。稍微整理的話，仍然無法成為人居住的地方。」

「如果要重建，那事情可就大了，誰敢負責呀！」

提到責任，他們只會設法推卸，沒有人願意出面解決問題。依照政府的規定，重建必須由醫院主管向倫敦軍醫總督提出書面報告，並且還要經過陸軍部官員協商，然後陸軍部再與國防部商量之後，才由國防部正式申請財政部，得到財政部的同意，陸軍部才能請總督批准，按提議進行重建工作。

如果一定要經過這一大圈子的公文履行，才准許總督把命令下達給斯卡特里的話，克里米亞戰爭恐怕早已結束，此時傷兵病人早已死光了。眼看著傷兵就要到了，不管怎樣總得先想個辦法來收容這批可憐的傷兵呀。

南丁格爾心生一計，她想，如果直接與駐君士坦丁堡的大使夫人商量，藉著夫人的傳達使大使明白事態已刻不容緩，請求他的支持，直接請工兵部部長下達命令，立刻修理病舍，這樣一來，不就縮短了拖延的時間了嗎？

果然如願以償。南丁格爾立即僱了 125 名工人進行重建工作。但不知為何，這些工人竟中途罷工，而大使也怕招惹麻煩，於是臨陣脫逃，不加理會了。

真沒辦法，南丁格爾只好再度動用私款，僱用了 200 名工人加緊趕工，總算如期完成了工作。同時，還引進了不少醫療裝置。而這一切，調配處根本不曾過問。

當那 500 名傷兵從運輸船上下來，受到南丁格爾及護士們以清潔的寢具和溫暖的食物的熱切照顧時，人人都感動得流下了眼淚，其中一位士兵喃喃地說：「我們是不是來到天國了？」

這件事在醫院中引起了很大的震撼，南丁格爾的能力首次在斯卡特里獲得肯定與尊敬，感激很快地擴散至每個人的內心。

但是，對於南丁格爾自己來說，這個情勢的演變完全是偶然的，她只是想藉此機會證明，作為一名女性護士是有她存在的價值的，而這也正是她所肩負的使命。

漸漸地，南丁格爾的豐功偉業轟動了遠近。這就是斯卡特里戰地醫院的人所稱道的「南丁格爾權威」所建立的第一批重要業績。尤其當人們得知，她這項建設已被英國皇家陸軍部官方正式批准，她所墊付的款項也由國庫付還以後，她的聲望更高了。

但就南丁格爾本人來說，這一點點成就微不足道。因為她始終認為，她的使命在於向人們，尤其是向當時的英國社會證明，婦女在護理工作中是可以起重大作用的。

但不幸的是，在這個時候，她在組織和調動自己率領的這些護士時遇到了困難。而且，這些困難甚至超過了她同軍醫們、軍需官打交道時所遇到的困難。

「夫人，我離開英國來到此地原是準備服從一切條件的。但是，現在，這裡有些條件、規定我卻無法遵循。就拿這裡的白帽子來說吧，有人戴著合適，有人戴著就不合適。我若是早些知道這裡工作不戴白帽子不行，我就不會大老遠地從英國跑到這裡來了。」

南丁格爾寫道，這些就是「我們雖然正處於水深火熱之中」，卻又不得不一一解決的各種問題。但要說服這些護士和修女們，使她們認識並維護醫院的各項規章制度的確非常困難，甚至不可能。

護士們也不理解，為什麼有些傷病員喊著鬧著要吃刺激性食品，而護士們未經軍醫准許絕對不能擅自給他們吃。為了這類規定，她們抱怨南丁格爾小姐，認為她關心個人的權力勝過關心傷病員的疾苦，因而常常不服從她的指示，有的甚至開始疏遠她。

南丁格爾並不動搖，堅持按醫療衛生的規定辦事，並毫不放鬆對護士的要求。12 月 14 日，她滿懷欣喜地寫信給史德尼・賀伯特：

經過幾番忍耐與等待，我們終於在醫院中正常地展開作業了。您一定想不到，我們在短時間內已經完成了如下事宜：

就餐廚房已經正式啟用；進行了病房大掃除，我們分發了抹布、拖把、掃帚和梳子；2000 件襯衫已經分發到傷病員那裡；產科醫院開始正常運作，為隨軍婦女提供方便；寡婦和士兵的妻子得到了必要的照顧；大量的包紮工作，由我們當中最能幹的人進行；800 名傷病員的病房修理工作已經完成。

南丁格爾詳細地列舉了她們已經完成的工作，此後很久，她再也沒有寫出如此輕鬆愉快的信了。

面對意料之外的困難

就在南丁格爾給賀伯特寫完信的當天下午，她突然獲得了一個讓她驚訝的訊息。又有一支 46 人的護士隊，將於第二天抵達斯卡特里，領隊是史德尼．賀伯特的朋友瑪麗．史坦利。

此事事先並沒有同南丁格爾商議，這直接違背了她與賀伯特之間所達成的協定。而且，這支護士隊將不由她管理，而指定由高級醫官庫明先生負責。這顯然超越了南丁格爾的正常職權，也必然會給她的工作帶來影響。

南丁格爾很氣憤，1854 年 12 月 15 日，她再次寫信給史德尼．賀伯特。

親愛的賀伯特先生：

當我受命來此擔任護士隊隊長之時，曾有明文規定，除非我要求，否則就不增派護士前來，一旦我有需要增加人手，甚至無須經過軍醫團的許可。

承蒙您的看重，認為我是擔當開展護理工作的第一人，也曾說如果我拒絕擔任領導者，一切計劃必遭終止。當時的一番懇談，令原本就有心奉獻一己的我，更堅定了信念，願為提升護士的地位而犧牲自己。

好不容易整團出發，名為40人的護士隊之中，可用之人僅約半數。到達目的地之後，除了要嚴守軍中紀律，還要應付許多不同於平常的情況，真可謂困難重重。

幾經努力，情況逐漸好轉，也開始贏得軍醫們的信賴，不能不說，我們的計畫已有了幾分的成功。可是，這一切的成果剛冒出了新芽，卻在沒有任何人的需求下，因一群新來的40名護士，而終告受挫！

因為，原就不足的糧食與物資，勢必因她們的來到而日漸短缺，對前一批好不容易才上軌道的護士而言，這更是不公平！而且，羅馬天主教徒在護士隊中所占的比例，目前本來就很高，這樣一來，比例就更加上升了，這隻會使各方矛盾激化，增加管理上的麻煩。

所以，如果我們因此無法達到目的，不如讓我辭去隊長的職銜，也請您另請高明。當然，在新隊長上任之前，我會盡力做好分內的工作。請原諒我由衷的直言。

南丁格爾敬上

事實上，史德尼．賀伯特也有苦衷。他的健康狀況很差，工作負擔卻極其繁重，已是心力交瘁。瑪麗．史坦利是半途改變宗教信仰，祕密地改為信奉羅馬天主教的人。在她混雜不清的思緒中，既有宗教狂熱，又有對南丁格爾功名和業績的嫉妒，而且她的背後還有曼寧神父的支持。這位曼寧神父，此時正處心積慮地妄想貪功，把斯卡特里前線護士們辛苦獲得的美譽，轉移到他所屬的教派之上。

這種伎倆自然為人所不齒，布里基先生一向疾惡如仇。他在這件事情上非常憤怒，稱之為「天主教的陰謀詭計」，而南丁格爾雖然也很氣憤，但同時感到荒唐可笑，甚至感慨萬千。從彼此相識、交往開始，她與曼寧神父本人是朋友，在很多問題上看法一致。而且，出於某種感激之情，南丁格爾在公開場合曾經不止一次地說過，曼寧神父是個好人，對她一向是公正的。但是，人性是那樣複雜難測，她如今是深切領教了。

這次，瑪麗．史坦利一行的到來，對南丁格爾小姐順利完成使命的確是個不小的打擊。在此之前，她在斯卡特里殘酷的環境中節節勝利，而在史坦利一行到來之後，她個人的權力和威信大受影響，對於工作的順利開展同樣是一種打擊。

同時，這項使命本來的崇高目的，現在卻被籠罩上一層宗教之爭的迷霧。正如前面所提到的那樣，瑪麗．史坦利不僅將自己改投羅馬天主教的事祕而不宣，而且，她還帶來了津塞爾市女修道院院長弗朗西斯．布里奇曼。此人是愛爾蘭修女，是一個典型的宗教「偏執狂」。她公開聲稱，她的使命是「純宗教性質」的。她屬下的 15 名愛爾蘭修女，也都傲慢不可一世，聲言不接受其他任何人的領導，唯獨服從這位布里奇曼院長。

更有甚者，在史坦利一行人當中，有些人毫無經驗，甚至還有的人過去一直是飼養豬、牛等牲畜的雜役，另有 20 人只不過是做過「助理教士」，而不是護理傷病員。因此，這個護士隊的組建從根本上違背了原來的約定。

鑒於這種情況，權利遭受侵害的一方不得不採取對策。12 月 15 日，布里基先生便率先在岸邊「恭候」。她們的船，在君士坦丁堡港口剛靠岸。還沒有來得及下船，布里基先生就立即登船，好言好語地勸她們不要上岸。

布里基先生把理由交代得清清楚楚，因為斯卡特里已經沒有插足之地，現有的舖位都已經被傷病員擠得滿滿的，甚至有的不得不躺在露天地面上。而且，食品、飲用水、燃料等都極端匱乏。軍隊醫院的人，也對她們的到來感到大惑不解。高級醫官庫明也拒絕擔任她們的醫護顧問，並明確宣告拒絕錄用這些「女士」。

這樣一來，史坦利等人便陷入了進退兩難的境地。英國大使館只好騰出一套房間，先讓這一行人暫住幾天，並安排她們盡快返回英國。當時，南丁格爾在盛怒之下，也和別人一樣，拒絕承擔任何責任。

暫住在大使館的幾天裡，史坦利等人的生活非常拮据。由於這一行人在來的路上不知節儉，胡亂花費，結果，一路下來將出發時攜帶的 1500 英鎊費用幾乎揮霍殆盡，到達君士坦丁堡時已經身無分文了。

知道這個情況後出於同情和好心，南丁格爾只好從她的個人收入中拿出 400 英鎊借給瑪麗．史坦利，她也很勉強地接受了。

儘管南丁格爾感到左右為難，甚至曾想過收手不幹，但她很快就清醒了。她不想因為一時衝動，而使這項意義非凡的事業半途而廢。同時，她也想到若是按照眾人的意見，馬上就將這一行人送返回國，恐怕並不是解決問題的辦法，因為這必然會出現難以澄清的誤解。這種誤解可能帶來意想不到的後果。這對她的事業也可能產生無法挽回的損失。

所以，12 月 24 日，為了彌合各方面的分歧，她提出一項折衷的辦法：錄用一些新來的愛爾蘭修女，把前一批成員中缺乏醫護經驗的修女替換回國。這樣，既可不再增加醫院中天主教修女的總人數，也符合高級醫官庫明拒絕增加修女的決定。

但是，這種妥協的姿態並沒有發揮成效，並立即引起了爭吵和反駁。一方面，被遣回的修女們集體宣告，說她們根本不願意回國；另一方面，布里奇曼院長則不同意她的修女們脫離她的領導，單獨進入戰地醫院。

布里奇曼院長說：「這樣做將違反教規。」她聲言她們必須有自己的耶穌會隨軍牧師，而拒絕參與當地神父主持的宗教儀式。南丁格爾白天在醫院各處奔忙，經常親自跪在地上給傷兵換藥、療傷，一連工作 8 個小時後，晚間還要煞費口舌地與瑪麗·史坦利和布里奇曼院長進行交涉。這位布里奇曼院長口若懸河，嗓門兒又大，南丁格爾稱她為「可敬的刻薄婦」。

與此同時，英軍前線總司令官拉格倫勛爵提議，把護士隊伍遷往新建的巴拉克拉瓦醫院。

南丁格爾知道，那所醫院極為混亂和骯髒，而且，護理人員的紀律性很差，但她還是答應了下來，派遣 11 名志工前往巴拉克拉瓦，其中，有些人是史坦利的「部下」。這 11 個人一律交由塞洛蒂修女會統一管理。所以，瑪麗·史坦利一行人基本上就被四分五裂了。

此時，瑪麗·史坦利面對惡劣的工作環境，早已失去了最初的熱情，極為失望和沮喪。其實早在此前一段時間，她對這所汙穢不堪、生滿害蟲的戰地醫院，就已經喪失了興趣。

有一天，她早晨醒來時，驚恐地發現自己的身上，竟然也有不少飢腸轆轆的跳蚤時，不禁失聲尖叫起來。

1855 年 1 月底，當局準備把寇拉里地區的騎兵兵營改成戰地醫院，以便用來收治更多的傷病員。瑪麗·史坦利為了爭搶功勞，決定獨自承擔此事，並完全按照她個人的意見來管理這所醫院。她並未請示庫明爵士和有關方面的意見，便率領她的「夫人」們、一部分護士以及 10 名修女，急匆匆地趕赴寇拉里兵營醫院。

在那裡，她的管理方法完全是家長式的，凡體力工作都要分派給「雜役女工」去做，其他人員就相對輕鬆得多，只負責發號施令，這讓其他女工憤憤不平。而且，她們都未按規定穿統一的制服，在著裝上很不規範。

她們開始工作的第二天，300 名傷員就送來了。當天夜裡，瑪麗．史坦利巡視了各個病房。初次嘗試到這種工作的艱辛，她清楚地感到，自己經受不住這樣的勞累。

幾週的時間過後，隨著傷員的數量越來越多，瑪麗．史坦利痛苦萬分，她再次歇斯底裡地大叫起來。她覺得，這簡直就是最大的夢魘。在她拙劣的管理和領導下，不久，傷員死亡率更是不斷上升，甚至打破了克里米亞戰區各戰地醫院死亡率的最高紀錄。

剛到 3 月，飽受指責的瑪麗．史坦利就再也待不下去了，竟收拾行裝，連招呼都沒打就灰溜溜地回國了。她不但僥倖躲過了懲罰，而且，還給寇拉里醫院留下了 8200 英鎊的債務，最後只好由英軍當局來償付。

3 月的第二個星期，南丁格爾終於收到了史德尼．賀伯特的回信。他在信中向她承認錯誤，請她原諒自己沒與她協商，就自作主張，下達了不合時宜的任命，並請求她不要考慮辭職。同時，他還授權她安排史坦利一行返航回國，因為此時賀伯特並不知道，瑪麗·史坦利此時正在「歸國」的路上。

賀伯特的信寫得很中肯，南丁格爾很是感動，從此，她再未提及賀伯特給她造成困難的這段往事。在最關鍵而又最困難的時刻，南丁格爾一直咬牙堅持，而維多利亞女王的大力支持，自然也是雪中送炭。

在 1854 年 12 月 6 日，女王曾寫信給史德尼·賀伯特：

我很想知道戰區的真實情況，你應當及時派人調查清楚。同時，我渴望了解南丁格爾女士的處境：她是否需要我的幫助，是否可以讓我看看南丁格爾遞交給賀伯特夫人的帳目。我知道，她在統計數字方面不但具有天賦，而且總是一絲不苟，從她的帳目上，必然可以獲得第一手的數據。

多少天來，儘管我接見過許多軍官，了解了戰場情況，但是，我並不確切地知道傷病員的詳情。我希望南丁格爾和那些女士們，能夠告訴那些可憐而又勇敢的傷病員們，沒有人比女王更關心他們，更能感受到他們的苦難，更敬佩他們的勇氣和英雄行為。

12 月 14 日，女王給前線戰士送來慰勞品，同時給南丁格爾本人寫來一封信。在信中，女王向她徵詢意見，請她提供指教。女王謙虛而真誠地詢問她這樣的問題：作為英國女王，她本人應當「如何表彰她的傷病員所表現出的英勇和犧牲精神」。

恰逢此時南丁格爾正在請教史德尼 · 賀伯特更改規章。當時的規定是，病員即使是因公務患病住院，每日也要扣除 9 便士津貼作為住院醫療費，而傷員只扣 4 個半便士。很顯然，這種「差別待遇」並不是合理的做法。

南丁格爾便回信給女王，請求她對病員和傷員一視同仁。女王對她的建議很欣賞，很快便批准了這一要求。1855 年 2 月 1 日，女王便正式宣布：從阿爾馬河戰役起，傷病員的津貼規定一律按新的規章辦理。

大刀闊斧的改良

1855 年 1 月，塞瓦斯托波爾英軍所受的痛苦，可以說已經到達了頂點，救援物資卻依然送不到前線。這到底是什麼原因呢？後來，羅巴古委員會也曾提出質詢，那些送出去的大量防寒衣服、食物、醫療品，到底是在何處中斷的呢？這個答案至今仍是個謎。

不過，據南丁格爾說，在那段士兵苦撐的時間裡，這些物資應該可以收到，只是因為「軍方規則」的重重限制才導致物資的中斷。這樣的說法是有根據的。

1855 年 1 月，塞瓦斯托波爾的英軍正被壞血病侵襲。然而，裝著滿船的新鮮菜以運送目標不明而被丟棄在港口。另外，在港口還囤積著為 17..3 萬人配額的茶葉和咖啡豆及後來到達的 20000 磅蘇打水，直至 2 月分都遲遲不見分配，理由卻是在每天分配食物的單子上並沒有茶和蘇打水！

前一年的 12 月底，本來有 1/3 的士兵可以領到一條毯子過冬，但這些士兵們有的因為在戰鬥中奉上司命令丟掉毯子，有的因為在暴風雨中失落了毯子，所以他們已經沒有毯子了。正因為如此，依照「以舊換新」的規定，他們失去了換領新毯子的權利！在這段時期中，英軍在塞瓦斯托波爾前線只有 11000 名兵員，而在各戰地醫院中的傷病員已高達 12000 人。「災難，真是災難史上空前的災難。」南丁格爾後來寫道。南丁格爾在這種時刻，已經成為眾人所倚靠的人，同時也是供應物資的調配官，她寫信告訴賀伯特：「照顧病人的工作，反倒是我許多非做不可的工作中最輕鬆的！」一個有傑出管理才能的領導者形象，活躍在斯卡特里的野戰醫院裡。南丁格爾遇事沉著冷靜、果斷、有才幹，大家對她抱以「女神」般的尊敬。士兵們說：「如果由南丁格爾小姐做司令官帶領我們的話，下個星期，我們一定會把塞瓦斯托波爾攻下來！」就連醫師們也開始完全地信賴南丁格爾，一名士兵在家書中寫道：「南丁格爾小姐是擁有絕對權力的女王！」

權威，除合法意義外必須誕生在眾人的推崇中。南丁格爾在自己盡心盡責的工作中，盡量以減輕傷病員的痛苦和提高醫院的醫療護理效率為準則，故而獲得了眾人的推崇。

一名女性，受到這樣的歡迎，實為戰爭史上的奇蹟。

南丁格爾在繁忙的工作當中，還給相關人士寫信或者寄送有關報告。她寫了 30 多封長長的信給賀伯特，內容都是如何改善軍隊及醫院的現狀，具體入微地舉出許多提案，也有許多不能為外人所明瞭的苦惱和爭論……很多類似的長信和親筆所寫的公文，都是在臨時醫院那種惡劣的環境下及繁忙的工作之餘寫的。

有時候，一個晚上她可以寫出一本手冊般的長信，對於廣泛的問題都能有縝密的思考並且不會遺漏任何一項重要的事情。她的精力與善於利用時間，總是令人詫異得難以相信！

在很多信件裡面，總是塞滿了她個人關於健全和改進軍隊「現行制度」的意見和建議。提議中都是有關醫療看護部隊的創設、士兵食物的調理及分配方式的反思及改善，還有在斯卡特里設立醫護學校的計畫等，同時也強調醫學上臨床統計的重要性。

由於完全是第一手數據，所以可信度非常高。正因為如此，她所列舉的事實和數字，經常被賀伯特和其他大臣們在內閣辯論中廣泛引用。不僅如此，實際上在克里米亞戰爭期間，英軍的重大改革措施，都參考或者吸取了南丁格爾的意見和建議，都是以她的不少建議為依據的。

經過大家的努力工作，戰地醫院的條件逐步得到改善，病房、廁所都比較清潔了，也有了充足的食品，膳食也有了進步。雖然如此，仍有不少惡劣的情況存在，傷病員的死亡人數還是居高不下，再加上第二次的不幸洶湧襲來！

12 月底，亞洲霍亂、傷寒開始侵襲這個地區，到了次年 1 月中旬，更加肆虐橫行。3 周之內，許多外科醫生和護士都因此而喪生。包括 4 名軍醫、3 名護士和軍需長「可憐的老沃爾德」

及其老妻。而那些來視察的將官也都避之唯恐不及，大家都陷入束手無策的焦慮狀態。

當時雨雪不止，氣候條件的惡劣使所有的人感到情勢嚴峻。終於雪停了，英軍的野營陣地塞瓦斯托波爾也逐漸暖和起來，送往後方的傷病人數總算不再增加了。

然而，臨時醫院裡的死亡人數卻在繼續增加著。英軍士兵們用自己的雙手埋葬著同伴。那悽慘的景象令所有在場的人都感到萬分的悲傷。

有一天，南丁格爾看到在一輛土耳其人的運糞車上堆滿了她誤認為是動物內臟的東西，再仔細一看她不禁感到噁心，原來，那其實是一絲不掛的英國士兵狼藉的屍體。這些不幸的士兵，是死於亞洲型霍亂。

她吃驚地看到土耳其人挖了一個很淺的方形土坑，幾乎是用腳把屍體踹進了坑裡，在差不多與坑口平齊後再覆蓋上泥土，用力地跺上兩腳，將其踏平就拍拍屁股走人了。

這種草率而野蠻的處理自己同胞屍骨的做法，讓南丁格爾非常憤怒。同時，在英國本土的民眾也異常憤怒。從 1854 年至 1855 年的嚴冬，透過新聞報導，大家都知道了那些在前線的官兵是如何英勇地戰鬥，但是戰死官兵的遺體卻得不到應有的尊重，使本土人民的怨怒與屈辱感在瞬間沸騰起來。

1855 年的 1 月 26 日，激進派議員羅巴古提出建議，針對塞瓦斯托波爾的戰地現狀，調查負責補給的政府各部局，為此設立羅巴古委員會專司其職。這件事顯示出民眾對政府的不信任，也導致史德尼·賀伯特離開政界。

但是，南丁格爾的地位並未因此而削弱。新首相帕默斯頓勛爵是南丁格爾的老朋友。新首相經常將她的提議和報告呈給女王。賀伯特雖然辭去了陸軍部的職位，但他告訴南丁格爾，為了英軍，他自己的工作將永不停息，這是他的責任，而南丁格爾也如往常一樣，寫信和賀伯特溝通意見。賀伯特也不時將南丁格爾的提案轉達當局，繼續他們之間合作的計畫。

之後，潘穆爾勛爵繼任陸軍大臣，奉命聽取南丁格爾小姐的意見並認真考慮她的要求。2 月的下旬，潘穆爾勛爵派出一個衛生考察團，調查前方醫院和戰地營房的衛生狀況。正如南丁格爾小姐後來所記述的：「這個代表團拯救了英國軍隊。」

他們發現的問題令人髮指。代表團報告中描述野戰醫院衛生條件之差，所用的措辭是「簡直是謀殺」。

首先，在戰地醫院，這座龐大建築物地下的排水管道，修建得非常糟糕，而且已年久失修，導致下面的汙水經常堵塞，幾乎毫無用處，而且負擔過重。在外表堂皇的建築物的周圍，是臭氣熏天的陰溝，這些建築物就處在陰溝「海洋」的包圍中。

灰泥大面積脫落，千瘡百孔的圍牆有半截被浸泡在海水中。

另外，從數不清的露天廁所那裡散發出一股股腥臭氣直撲附近的病房。這種臭氣是看不見的「隱形殺手」。護士們發現有些鋪位出奇的危險，病員一睡到這些鋪位上不久就會死掉。後來才發現，這類鋪位都是離廁所最近，空氣最汙濁的。供水不僅不足，而且汙染嚴重。

檢查團讓人把醫院的供水管道開啟，發現水溝蓋板上臥著一具死馬的屍骨。檢查團立即組織人手清理醫院的環境，清除的垃圾竟有 556 車，還有 26 具死牲畜。陰溝全部沖洗乾淨，牆壁重新粉刷以杜絕害蟲。固定在牆上的椅、櫃都拆了下來，以免躲藏老鼠。這些措施立即見效之後死亡率開始下降。

克里米亞半島的春天來得很猛，塞瓦斯托波爾外面，荒寂的高原沐浴在春天的陽光裡。原野上鋪滿了番紅花與風信子。傷病員的口糧改善了。僥倖地度過了 1854 年這個可怕的冬季的倖存者們，打破了長久的、難堪的沉寂，重新又笑罵起來。

危機渡過了。隨著危機的渡過，反對南丁格爾的新浪潮又開始了。而事實是，死亡率一度下降至 2..2%。

「提燈天使」的無盡魅力

到了1855年春天，南丁格爾已經筋疲力盡而且身體十分衰弱。她本來就是個嬌弱女子，如今又在一個叫人不堪忍受的環境裡日夜忙碌，這嚴重損害了她的健康。每逢有成批的傷病員送到醫院，她就開始投入忘我的工作，有時甚至不得不幾天幾夜忙碌不停地工作。

奧斯本神父曾經這樣描述過她：

不少醫生因為傳染病，不敢靠近受傷的士兵，但是，她卻對傳染病全然不怕。通常，越是在那些病情嚴重的病人那裡，尤其是在垂危病人的床前，就越能見到她瘦弱的身影。

她總是精心照料、安撫那些不幸的人，經常找他們聊天，甚至說著輕鬆的玩笑，以自己的樂觀態度，鼓勵病人振作起來。她像真正的親人那樣，悉心地陪伴著他們，常常守候到病人生命的最後一刻。

南丁格爾自己也計算過，僅僅一個冬天，她撫慰、送別過的死者，就不下2000人，最嚴重的病人都由她自己親自看護。有個護士，曾經這樣描述她陪同南丁格爾巡夜的情景：

在夜幕降臨時，我們緩步向前走著，我的內心，有時不免有些忐忑，我知道和平時一樣，我們又將面對那些隨時到來的傷員的死亡。

但是，她卻始終非常平靜，在她的臉上，只有平靜、堅毅的神情……我和她一道，向那夜幕下的病房走去，在我看來，越是接近病房，就越發像是踏上了一條永無止境的路。周圍安靜極了，偶爾聽到一兩聲呻吟或呼喊。

醫院周圍，到處是昏暗的燈光，像鬼火一樣。就在這鬼火當中，南丁格爾端著她的油燈，悄悄地走進病房裡。她總是先把油燈放好，然後，輕輕俯下身，檢視病人的情況。有時候，還要耐心地把士兵們裸露的手臂放進被子裡；哪個受傷或者生病的士兵說自己渴了，她就拿起水壺，幫他把水倒進杯子裡，然後親手遞給他；對於動作不便的士兵，她還親自把水餵給他，就像母親照顧生病的孩子一樣……

我真敬慕她對病人的態度，永遠是那麼和藹，那麼體貼，那麼耐心。

在士兵們當中，南丁格爾的影響非同一般。她可以讓「頑固不化」的病人學習戒酒，鼓勵他們忍受手術的疼痛；或者抽出時間，向士兵口授，給他們的妻子和父母寫信。一個老兵說道：「她實在太好了，當你感到痛苦時，她會握住你的手，說上很多溫暖、體貼的話；當你情緒低落時，她會想方設法使你高興起來。」

另一個士兵說：「當她跟我們講話時，特別是當一個病人傷心痛苦時，她的活力和風趣總能給人帶來極大的安慰。」

外科醫生對她能使接受手術的病人增強勇氣感到吃驚。有了她的身影，士兵們似乎突然增添了很多勇氣。

在可怕的沾滿血跡的手術室裡，人們可以感受到她在戰士中的巨大「魅力」。也許某些受傷的士兵寧願就此死去，也不願接受醫生的手術刀。不過，只要有她在場就可以得到一種莫大的支持，他們就會順從，就會承受手術帶來的痛苦。

還有的士兵在給家人的信中特別提到南丁格爾：

「每次，當見到她提著那盞熟悉的提燈從眼前走過時，心中總會感到舒暢。對於我們很多士兵來說，她簡直就是暗夜裡的燈火。她會含笑問候我們，向所有的傷兵們點頭示好，臉上總是充滿寧靜而專注的神情。這樣的神情，讓士兵們感到振作和陶醉。

「當然，成百上千個人都躺在那裡，她不可能照料到每個人，不過，只要目送她從眼前走過，即便是親吻她的身影，我們也會感到心滿意足！」

士兵們私下裡把她稱為「提燈天使」。南丁格爾手持油燈，每天傍晚巡視病房的身影，成了他們津津樂道的話題，成了他們心中一道永遠的光輝。

在她到來之前，到處是胡言亂語和咒罵之聲，由於她的關係，戰士們再也不亂講髒話了，醫院變得安靜了許多，安靜得有點兒像神聖的教堂。

繁重的工作足以把任何普通女人壓垮，但是，南丁格爾始終咬牙堅持。她認為，「這些只不過是我個人職責中很小的一部分」。

白天，她就在這裡處理各種問題。她還要抽空登記、發放物品，做好記錄，因為沒有人適合做她的祕書，所有的申請、命令、公文、報告、記錄和大量信件，都是她親自執筆。

到了冬天，天氣特別冷。有時候，強烈的颶風吹得窗戶「呼呼」作響。在房間裡，撥出的氣體都凝成了白霧，牆壁上也掛滿了冰霜，而她卻並不在意，還是一刻不停地進行工作。值班的軍醫和護士看到，她的室內燈光經常徹夜不熄。

她詳細記下士兵死亡的情形與遺言，為他們送回故鄉，還把丈夫不變的愛情傳送給他們的妻子，也讓這些士兵的母親知道，當他們死亡的時候，是緊握她的手去世的，並不孤單。她也常為那些在故鄉有孩子的護士寫信，給賀伯特陸軍長官的信和報告更是從未間斷過，也時時反映大家的意見和要求。

因此，她有處理不完的檔案，地上、床上、椅子上，到處都是。南丁格爾時常因為太疲倦，只好和衣而睡。

曾經有一個隸屬於第三十九軍的士兵的妻子，已有好幾個星期不曾收到丈夫的來信，因此她寫信向戰地醫院詢問，3 個星期後，她收到了南丁格爾的回信。

親愛的勞倫斯女士：

對於你的來信，我不得不抱著沉重的心情告訴你一件不幸的訊息。去年是可怕的一年，在醫院裡 100 名傷兵中間，就有 42 名喪失性命，許多婦人失去了丈夫。

我實在難以啟齒地要告訴你，你的先生就是這 42 位中的一位。1855 年 2 月 20 日，你的先生在此病逝，因為當時赤痢和傷寒所造成的死亡率達到最高點。這一天，包括你的先生在內，我們一共失去了 80 位病人。

為了不至於產生錯誤和避免同名同姓的困擾，我特地寫信到你先生以前所屬的陸軍部隊查詢，來信證實，你的丈夫確實光榮犧牲。

我之所以遲遲沒有給你答覆，就是為了等候上校的來信，現在我附上他的來函與附件。你先生留下了 1 英鎊 2 先令 4 便士的遺產，這些錢當然歸你所有。我在 1855 年 9 月 15 日已將這筆款項存入陸軍大臣處，你可以前去領取。

因你一直不知道丈夫已光榮犧牲，所以沒有收到未亡家屬的津貼，希望你盡快向倫敦西敏寺布雷特喬治街 16A 的愛國基金部名譽書記 KA 陸軍中校洛夫辦理申請。

現在我附上申請書一份，以及陸軍上校所寄來的死亡證明書，以便你申請子女補助金。如果你不知道表格正確的填法，可以請教區牧師，他會樂意為你服務。對於你的遭遇，我內心感到十分的難過與同情。萬一你無法在愛國基金部順利辦理申請手續，可以用這封信作證明。

請你節哀！你真誠的朋友南丁格爾

為了提供一流的護理給士兵，南丁格爾可以不遺餘力，毫不顧惜自己的身體。在這裡真正使她感到艱難的是她不得不應付護理工作以外的很多人為的麻煩。例如，她不得不經常同一些既不正派又無教養、既無事業心又無同情心的人打交道。這些人唯一關心的就是如何避重就輕，如何逃避責任。約翰．霍爾博士就是這樣一個人。

約翰．霍爾博士是英國東方遠征軍的醫務總監。他自 1854 年秋天起，就一直住在克里米亞。他的權力很大，連斯卡特里的戰地醫院都由他管轄，他對醫院的管理從不放手，前線流傳著他的一樁醜聞：他曾動用酷刑拷打一名士兵，最後致其死亡。但不知什麼原因，他竟然逃過了軍事懲罰。

在人們的印象中，霍爾博士一貫鐵石心腸，是一位過分嚴厲而無情的人。在當時，氯仿是麻醉劑的主要原料，而他竟然聲稱自己並不相信氯仿，即便在士兵們需要截肢的時候，他也曾經一度下達命令，嚴禁下屬的軍醫使用這種麻醉劑，於是，很多人暗地裡叫他「屠夫」。

南丁格爾率領的護士隊來到之前，霍爾博士就已經表現出他的「劣根性」，因為他撒了一次彌天大謊。原來，他曾經受總司令拉格倫勛爵的委託，負責檢視斯卡特里的戰地醫院，並要求向勛爵做出如實的彙報。

事實上，他檢視完畢後出於不為人知的居心或者玩忽職守，竟然不負責任地彙報說，整個醫院裝置完善，無一缺少。既然公開作了這樣一個宣告，他就得承擔責任，下屬們也隨聲附和，為他開脫一切責任。

戰地總司令拉格倫勛爵很久以來一直被矇在鼓裡，史德尼．賀伯特也是在接到南丁格爾的報告之後，才知道了事情的真相。

賀伯特寫信給拉格倫勛爵：「這使我感到，霍爾博士是為了掩飾自己對準備工作的疏忽和不負責任，才忌恨前來協助他工作的人。」

1855 年春，霍爾博士氣得發瘋，政府派來一個檢查團寫了一份對他很不利的報告。更嚴重的是，拉格倫勛爵又對他嚴加譴責。忖度形勢後，他認為維護自己權威的關鍵時刻要到來了。

但霍爾博士知道如何讓別人為他賣命。他最近任命代替孟席斯爵士的高級醫師洛森爵士，就是這樣的人選。後者和他是一丘之貉。洛森爵士不久前剛剛幹過一件壞事：由於虐待運輸船上的傷病員，他剛剛受過拉格倫勛爵的處分。但是，令人氣憤的是，由於霍爾博士的包庇，他不但沒有被趕出軍隊，反而被調到新的地方，繼續為非作歹。

洛森爵士早就臭名昭著。因此，南丁格爾對於任命洛森擔任戰地醫院高級醫官感到無比憎恨。這麼長時間以來，她已經確切地知道，這位洛森爵士實在不是什麼簡單人物，他是當時軍醫部門腐朽作風的化身。恰恰霍爾博士又是個結黨營私的傢伙，做事專斷而霸道，兩個人勾結在一起，其結果可想而知。

果然，洛森爵士來到斯卡特里後專橫放肆的本性就暴露無遺，戰地醫院裡立即籠罩了一層恐怖的氣氛，一時間人人自危。醫生們懾於洛森的淫威，只好忍氣吞聲，而膽小的人甚至開始疏遠南丁格爾，以此取悅洛森。不少人又恢復到原來的工作方式中，從而使得工作效率大大降低。

但即使發生了這樣的情況，總體說來，由於南丁格爾前期做出的巨大努力，醫院的工作依舊取得了成效：醫院的傷病員死亡率不斷下降，到 4 月 7 日已下降至 14.5%，到 5 月 19 日時又降至 5.2%！

在從倫敦請來的著名廚師阿列克斯·索亞的指導下，醫院的膳食也發生了奇蹟般的變化。這位廚師是 3 月間到達斯卡特里的，在南丁格爾的記憶裡，他的樣子既滑稽又可愛，很像一個喜劇演員。南丁格爾很欣賞他的烹調手藝，兩個人彼此都很尊敬對方，並很快成為關係要好的朋友。

在南丁格爾眼裡，索亞和這裡的很多廚師有著顯著的不同。有的廚師從事烹調，是為了私下裡可以大吃大喝，事實上，他們也是這樣做的；有的是為了顯示自己的「才華」，實際上，卻不過是個普通的廚師而已。只有索亞自從來到這裡以後，就展示出他一流的廚藝和敬業的精神。

索亞唯一的目的，就是為大家做出有營養、經濟而又實惠的飯菜。他在潘穆爾勛爵的授權之下，經常巡查各處的夥房，提出相應的改進意見和建議，並幫助整頓、改進醫院的夥食供應，每當索亞用大蓋碗端著他做好的美味湯走進病房時，傷員們總是向他歡呼，畢竟，這在以前是沒有過的事情。

戰地醫院逐步走上正軌以後，南丁格爾決定去巴拉克拉瓦，為那裡提供力所能及的幫助。也就在此時，南丁格爾才得知，自己的權力是受到限制的。

因為明文規定，她是「駐土耳其英國野戰醫院婦女護士隊」隊長。而巴拉克拉瓦在其許可權之外，此前前往那兒的護士又因受霍爾博士的慫恿，對她公然反抗，情勢更加不利了。

美名傳千里

1855 年 5 月 5 日，南丁格爾與 4 名護士、廚師索亞和另一名法國廚師，連同 420 名病癒返回前線的傷兵，渡過黑海到達克里米亞的巴拉克拉瓦。第二天，她開始了對兩座醫院的巡察。

雖然同樣是在政府衛生考察後的改進期間，但這兩所醫院的環境仍相當髒亂，軍醫工作疲沓，護士們的工作也不得力。因為受到霍爾博士等人的惡意挑唆，南丁格爾所到之處看到的彷彿都是充滿敵意的眼光，甚至受到蠻橫無理的對待。

南丁格爾裝作什麼都沒看見，她都忍在心裡，因為她有更重要的事情要做。她決定先從改善重症傷病士兵的飲食入手，爭取先在兩座醫院各建一個專門調配特殊飲食的廚房。

但是，南丁格爾甚至還沒來得及做什麼就病倒了，她得了克里米亞熱病。這是一種死亡率很高的地方流行病，不得已只好住進了「城堡醫院」。

在隨後的兩個星期中，南丁格爾高燒、昏迷、囈語不斷，在死亡線上徘徊。天氣奇熱，她的病情久久不見緩解，汗水穿過她美麗的長髮，浸溼了一大片枕巾，人們只好把她的頭髮全部剃光。

5 月底，南丁格爾總算脫離了險境，被士兵們護送回斯卡特里，但不許她回醫院，強迫她住進一個因病回國的牧師家中，以方便調養。這是拉格倫總司令的命令，任何人都得遵從，南丁格爾也只好接受了。

7 月底，南丁格爾基本痊癒了。她取下了頭巾，剛剛長出的捲曲短髮，使她的模樣顯得稚氣而動人。給她治療的醫生告訴她，這場熱病來得正是時候，它救了南丁格爾的命，因為患病才可能迫使她好好休息一段時間。

緊接著，與南丁格爾共經憂患、屈辱和磨難的佛蘿斯·布里基夫婦也因為國內的急事要回國。

7 月底，南丁格爾送走了布里基夫婦，便搬回醫院裡的那個小房間。空出來的牧師寓所成了「別墅」，供她的護士們輪流去短暫休假。

但醫院的形勢卻發生了變化。在洛森博士的指使下，醫院當局不歡迎她回來。他們認為現在一切就緒，用不著再聽她的意見了。一旦形勢有所好轉，人們的惰性又占了上風，他們寧肯沒有她在身邊督促而自在些。離開將近 3 個月，她的護士隊員也出現了問題，她們有的染上了酒癮，有的開始談戀愛。

更嚴重的打擊還在後面。

布里基夫人原先兼管保管禮品的儲藏室，裡面的禮品都是英國國內各地民眾捐贈給前線官兵以及護士隊的，有貴重的物品，也有酒、衣服等日用品。布里基夫婦回國後，南丁格爾另聘了一位索爾茲伯里女士管理。誰知這位索爾茲伯里女士不守規矩，一拿到鑰匙就監守自盜。軍方根據可靠線索搜查了這位女士的房間，竟發現她的箱子、櫃子裡，甚至每一條牆縫都塞滿了盜來的贓物。

出了這樣的事情，南丁格爾只好把新上任的前線總司令斯托克將軍找來共同處理。面對大量確鑿的物證，索爾茲伯里女士先是賴在地上又哭又鬧，繼而又苦苦求饒，央求南丁格爾小姐千萬不要控告她，她願意立刻回國。

南丁格爾也不願過分嚴厲地懲罰她，和斯托克將軍商量後決定，對索爾茲伯里女士免於處罰，放她回國。誰知，這位索爾茲伯里女士是個蛇蠍心腸的婦人，一回到英國她立即大造謠言，謊說她在斯卡特里醫院受到了虐待、迫害，並反咬一口，誣指南丁格爾扣壓禮品。主持陸軍部日常工作的副大臣蒙斯先生對此信以為真，因為他不認識南丁格爾，還以非常嚴肅認真的態度來對待這件事。

不久，南丁格爾和斯托克將軍同時收到一封軍方的公文，責令他們澄清自己的有關行為，並通知他們，倫敦軍方將嚴肅調查他們的「嚴重的貪汙、迫害、瀆職」問題。一時間，南丁格爾的聲譽受到很大損害，她的處境極為艱難。

倫敦軍方一介入此事，南丁格爾全家覺得必須有人去守護在南丁格爾的身邊。為此，瑪伊姑媽於 9 月 16 日專程趕到斯卡特里。

但南丁格爾沒有畏懼、沒有退縮，她那看似柔弱的肩膀，默默地承受起了常人所不能承受的壓力。她知道，那些人無非是想把她從前線攆走，而她絕不會讓他們可恥的陰謀得逞。

但與極少數卑劣的惡意中傷者和嫉賢妒能的官僚相反，前線官兵們對南丁格爾滿懷感激、敬佩、愛戴之情。當南丁格爾病癒後返回到克里米亞時，訊息如野火般迅速傳開，士兵們跑出帳篷，滿山遍野圍聚而來，雷鳴般的歡呼聲在山谷裡久久轟響迴盪。南丁格爾「被迫」坐在高處，以便官兵們都能「瞻仰」到她的風采。

那時候，南丁格爾身染重病的訊息傳開後，幾乎整個克里米亞戰區都陷入了焦慮與不安中。那些戰場上的士兵，還有各個野戰醫院的傷病員與護士，有的淚流滿面，有的跪地祈禱，大家都祈求上帝降福於她，讓她早日康復。

南丁格爾被轉送回斯卡特里醫院時，數百名駐紮在附近的士兵到碼頭為她送行，兩名士兵抬著擔架上裹著頭巾、病容憔悴的白衣天使，許多人跟著擔架行進，大家的眼眶裡噙滿了淚水。

拉格倫總司令也拖著自己病重的身體親自去看望她。

南丁格爾患病的訊息傳到英國本土後，立即引起了全國的震撼，各地各階層的人民都為她的健康日夜憂心。因為前線寄回的士兵家信以及因傷殘、病重等陸續回國的士兵與軍官，早已把南丁格爾的英名和事蹟傳播到邊遠的村莊、小鎮和城市的各個角落。

倫敦社交界名人、英國眾議院議員、曾參加前方衛生考察團的史達夫在眾議院對議員們發表談話時說：「當我在簡陋的醫院中看見南丁格爾後，我才領悟到古代聖人的威儀是怎麼一回事！士兵們都深信，即使天塌地陷，所有人、所有事都與他們作對，南丁格爾小姐也永遠不會背叛他們、拋棄他們。如果你當眾向士兵們宣布，剛才天空中出現了一道裂縫，南丁格爾小姐即將登天為神，我相信沒有一個人會感到驚訝或懷疑，因為這正是埋藏在人們心目中的南丁格爾的形象。」

在前線和國內，許多認識和不認識她的人，都誠懇地奉勸她回國長期休養，連她的主治醫生也主張如此，但南丁格爾一再婉謝，態度十分堅決地拒絕了。她說：「除非戰亂完全停止，這裡沒有任何一位傷病員，否則我絕不能離開這裡。」

她的這種決心和堅毅的言辭在國內各大報刊發表後，人們對她的欽佩與關切之情更加殷切而真摯了。當南丁格爾脫離危險期的訊息用剛發明的電報傳回國內後，人們興奮地奔走相告。

維多利亞女王也深感欣慰，致信陸軍大臣潘穆爾勛爵說：「我聽說偉大、高貴的南丁格爾小姐已脫離險境，為了這件事我必須向神聖的上帝致以最高的感謝。」

1855 年春天以後的一段時間，英國的報紙和新聞雜誌上經常可以看到有關南丁格爾的報導和評論或者歌頌她的詩篇，連大學的詩歌或散文徵文比賽也以南丁格爾為主題，有些獲獎詩歌還被配上音樂，作為最新的流行歌曲到處傳唱。

人們是那樣地熱愛和敬佩南丁格爾，以至於有人把南丁格爾的肖像作為信紙的畫面，有人用她的肖像做瓷器或高級絲綢繡品的圖案，連南丁格爾一家位於伍斯特郡和恩普利的兩處住宅風景，都成為各種日用品、紀念品的熱選影象。當然，南丁格爾的肖像大都是憑空想像的產物，因為她從不喜歡向別人贈送自己的照片。

一時間，英國人對南丁格爾的推崇達到了狂熱的程度，但南丁格爾對國內的這股熱潮，感動之餘又有些不快。

公眾並不了解南丁格爾內心的想法，她也並非不欣賞人們的這些舉動，而是怕這種行動會對護士隊產生負面影響。但他們仍然「轟炸」郵局，絡繹不絕地趕到恩普利和伍斯特郡，要求參觀一下「南丁格爾小姐的書房」，撫摩一下她的書桌，請她的家人幫忙證實有關她的某個神奇的傳說，或者請南丁格爾的家人、管家、鄰居甚至她在家鄉照顧過的病人回憶對南丁格爾的印象。

有人在報上提議召開專門向南丁格爾致意的民眾會議，立即激起了熱烈的反響。這一類會議立刻在全國各地召開了。在倫敦一次名人雲集的這種會議上，人們決定送給南丁格爾一幅刻有感謝詞的金匾，為此而在會場上募捐到的錢遠遠超出了需要，於是又推選出一個委員會「南丁格爾基金會」，許多社會名流都是這個委員會的委員，這使南丁格爾的母親芬妮欣喜異常。她寫信給南丁格爾：

11 月 29 日，是我一生最高興的一天，我以身為你的母親為榮！雖然現在已是凌晨時分，可是我若不將這些感受告訴你，我無法安睡！

你知道嗎？今天的集會有多感人、多美妙！這是我從未經歷過的，都是因為你樹立了良好的典範，也對日後世上千千萬萬的母親產生鼓勵！這真是個了不起的集會！

南丁格爾回通道：

如果顯赫的聲名和我為神以及為人類的工作能使您感到滿足，那我也就滿足了！我一味地工作，從不渴求社會的聲望與地位，但如果這些東西能使您覺得快樂，那將是我最大的欣慰！

今後，我會更加愛惜自己。南丁格爾將經常出現在人們的口中，而社會的情感，也將維繫在女兒的身上，如果你們會因此感到喜悅，這不但是我所得到最好的酬勞，也是對你們所付出的一切所給予的補償。

「南丁格爾基金會」成立的訊息也在克里米亞戰區的軍隊命令中公布了，只要捐助出一天的軍餉，就可以參加這項基金。後來，除了霍爾博士之外，這個訊息在軍中引起了廣泛的反響，士兵們一共募集了 9000 英鎊的捐款。

基金會建立後，維多利亞女王為了「表示由衷的感謝之心」，特地贈送給南丁格爾一件禮物，並附了一封信。信的內容是這樣的：

親愛的南丁格爾小姐：

在充滿血腥的戰爭裡，你表現了基督徒崇高的犧牲精神。我內心的欽佩，相信聰明的你，應該很容易理解。

你的功勞比起勇敢的將士們，有過之而無不及。你以慈祥的雙手，撫平了他們心靈和身體的創傷，對於這些偉大的貢獻，我不知應當如何來致謝。我以一枚胸針作為君王感謝你的心意表徵，請你佩戴並珍惜我的情感。這枚胸針的花色和形狀，正足以表達我真誠的祝福，以及對你崇高事業的推崇。

將來，如果能和你這位為我們女性爭光的人成為好友，必定是我最高興的事。我祈盼你身體健康，並接受我真誠的祝福。

維多利亞女王 1855 年 11 月

這枚御賜的胸針，是由女王殿下親手設計的，不但富有創意、別緻精巧，而且對南丁格爾具有特殊意義。胸針的表面是紅色琺瑯，上面有聖喬治的十字架，在十字架上又鑲有一個鑽石王冠，王冠內用金字雕刻著：「憐恤別人的人有福了！」

背面則是金色絲帶，上面有女王的題字：「對獻身服務、效忠女王的南丁格爾，致以最高敬意和謝忱。」這是一個長 8 公分、寬 6 公分的胸針。當作飾物似乎稍嫌太大一點，但它是榮耀的象徵。南丁格爾在戰地佩戴過幾次，但回國以後就不曾使用了。現在，這枚胸針已被陳列在倫敦的博物館裡。

同時，女王還賜予南丁格爾一枚鑲有鑽石皇冠的紅琺瑯聖喬治十字勳章，勳章上鐫刻著：

表彰佛蘿倫絲・南丁格爾小姐對女王英勇將士的精誠服務

R. 維多利亞贈 1855 年

從此，南丁格爾的美名上升到了一個高峰。

士兵們心中的守護者

面對眾多的榮譽與讚揚，南丁格爾顯得很沉靜，她早已把功名利祿看得非常淡。她需要的不是這些東西，她只想對得起她身為人類一員的良心。

此時，她並不滿足於已有的成績。她已經給自己提出了一項新的任務：改革英國軍隊中普通士兵的管理制度和辦法。自從進入克里米亞以後，她很早就萌生了這樣的想法，而且覺得勢在必行。

原因在於，她覺得自己的思想和情感已經同英國軍隊結下了不解之緣。她從軍隊生活中，發現了最使她感動的人類品格。她激動地看到，在很大意義上，普通士兵們同生共死、浴血奮戰都是為了國家利益。他們是能夠隨時犧牲個人利益與生命的人。她強烈地渴望成為這些戰士的保護人。

她認為，士兵們的忠誠與英勇不是拿金錢所能換取到的。他們驍勇善戰，為救助戰友不惜犧牲生命。他們對民族赤膽忠心，能夠冒著敵人的炮火頑強挺進。對於這樣的戰士，難道我們的民族不應該給予他們最好的愛護和關心嗎？

然而，就是這樣的戰士，生活處境卻極其惡劣。而且，他們所得到的津貼也少得可憐，有一段時期，他們每天甚至只能得到一個先令的生活補貼。

正是因為如此，在維多利亞女王曾表示要給士兵發放香水時，南丁格爾聞訊後，馬上託人捎話給女王陛下，她說，在前線，若是發放杜松子酒和壓縮餅乾，可能更受歡迎。女王當即採納了這一建議。

可見，南丁格爾是多麼的熱愛那些士兵，他們在她的心裡，是那樣勇敢、可愛。她把他們當成自己的孩子。她說過，她是獨身女子，也沒有自己的孩子，可是，她並不孤單，因為她覺得自己就是這些士兵的母親。她希望為自己的孩子做得更多。

她在給芭茲的信中說：

不要以為他們只知道擺槍弄炮，他們是樂於接受教育的，他們珍惜一切學習機會。只要給士兵創造條件，使他們有機會學習更多的知識和文化，他們就會很好地利用它，並且透過系統的學習，迅速成長起來。

我親眼看到，只要給他們創辦學習班，進行課程輔導，舉行講座，他們總是很感興趣，也會準時參加。即使有一天，他們從戰場上下來，只要給他們工作，使他們各就其位，他們也會幹得非常出色。

不要以為士兵們只會酗酒、打罵，只要給他們提供書籍，給他們安排娛樂活動，他們就會平靜得讓人驚奇。他們也會把酒瓶子遠遠地扔到一邊。

在前線醫院的日子，南丁格爾對士兵們有了更多的了解。她同士兵們一起生活得越久，接觸得越多，就越能體會到，士兵們雖然勇敢無比，但同時也是孤立無援的。他們那樣信賴她，不僅在負傷和生病時需要她，就是在康復以後，在戰火停止的時候，他們也需要她的關心。

1855 年 5 月，為了使士兵受到教育，她經過反覆努力，多次奔波，在克服重重困難之後，終於在前線醫院裡，為士兵們開設了一個小小的閱覽室。士兵們趨之若鶩，軍隊當局本來對這類事很反對，他們認為不該「嬌慣」士兵們，以為士兵若不酗酒，而是讀起書來，就會變得更加難以管理，因而，他們曾經責怪南丁格爾「違反規章」。

但是，他們錯了，事實上讀書的士兵非但沒有生事，而且行為更為規矩了。到了 1855 年夏天，斯托克將軍擔任前線軍事指揮官，對於南丁格爾而言，他是一位志同道合的熱忱的合作者。

他們像兩顆耀眼的明星，相互輝映。他們精誠合作，從戰地醫院及其周圍環境入手，全面進行檢查和整頓。經過一段時間的努力，終於使那裡的面貌煥然一新。他們致力於為士兵創造良好的娛樂和休息的生活環境。

除此之外，南丁格爾還認識到這些士兵一拿了薪水就去酗酒，而不願寄回家，是因為士兵若要寄錢回家，必須經過主計官。但是主計官會把他們當傻瓜一樣，把他們的錢騙走。所以，士兵們十分不滿，對主計官也不信任，寧願花錢喝酒，也不願寄錢回家。

南丁格爾因此在每個禮拜抽出一個下午的時間在自己房裡為那些想寄錢回鄉的士兵服務，用匯票透過快信寄回他們的家。結果每個月大約有 1000 英鎊的錢被寄回英國本土。

有些士兵在出院後，也希望透過郵局寄錢回家。南丁格爾為此曾向軍隊當局提出建議，卻遭到拒絕，好在後來得到女王的幫助，前線各地的郵局才提供匯款的服務。結果，不到 6 個月，已有 76000 英鎊被寄回家鄉。南丁格爾說：「這些錢全都是在酒店節省下來的。」

到 9 月分，南丁格爾他們為前線士兵籌辦的大型軍人俱樂部「英克爾曼咖啡館」正式開始接待士兵了。後來，又在戰地醫院開設了第二個俱樂部，專供傷病員使用。

他們的成績突飛猛進，截至 1856 年春，他們馬不停蹄，共創辦了 4 所軍人俱樂部。這些俱樂部，成了士兵眼裡的「伊甸園」。俱樂部有時舉辦講座，特意請軍事專家授課，每次來聽講座的人都很多，也十分踴躍。

有一次，南丁格爾驚訝地看到，教室裡根本容納不下那麼多的人，無奈之下士兵們只好把教室的門卸下來，讓室外的人也能聽到。

在南丁格爾等人的努力下，士兵歌詠隊也成立起來了。士兵們還又在此基礎上自行組成了一個小劇團，經常表演各種自編自演的節目。在俱樂部裡，身體健康的人可以踢足球或進行其他體育活動，傷病員則對西洋骨牌和棋類較為喜歡。

總之，在 1855 ～ 1856 年這個時期，如同芝麻開花一般，斯卡特里戰地醫院的管理水準日益提高。這些變化，都是很了不起的成績，被載入了英軍史冊，南丁格爾自然也功不可沒。

經過兩年的努力，英國士兵的素質也有了相當大的提高，以往那種酒氣熏天、野蠻倔強的形象一去不復返了，這是讓南丁格爾深感欣慰的事情。這種成就是靠不懈的奮鬥取得的。南丁格爾為此付出了大量心血，這嚴重削弱了她的健康。英軍駐土耳其長官的妻子霍恩畢女士，在一次聖誕晚會上見到南丁格爾的樣子，著實吃了一驚。霍恩畢女士寫道：

我已經好幾個月沒看見她了。當然，也僅僅是幾個月的時間而已！當時，我看到她那消瘦的身影，看到她憔悴的樣子，看到她那孩子氣的前額梳成瀏海的棕色短髮時，我不禁目瞪口呆。她的新髮型固然很可愛，可這樣的髮型，也證明不久前她曾發過高燒。

那天，她身著黑色的衣服，顯得莊嚴肅穆。唯一的飾物，就是那枚鑲嵌著寶石的胸針。像是一面軍旗，為了掩飾那頂皺巴巴的白帽子，她繫了一條縐紗頭巾，只能看到花邊的邊緣……

她很虛弱，不能參加活動，這使她看上去略顯孤單。不過，這種感覺可能並不準確，因為當時她坐在沙發上觀看別人的表演，偶爾會抿嘴輕笑，有時也哈哈大笑，笑得熱淚盈眶！

但是，事情並不如表面那樣簡單。在其他方面，南丁格爾所做的一切努力，她所成就的某些勞動果實，還在遭受居心叵測者的破壞。而且，她還在遭受官方的惡意刁難。

在這些困難當中，最令她痛心疾首的事情，就是索爾茲女士的誣陷，以及由此帶來的「物品案件」。她憤憤不已，但又毫無對策。為了「接受調查」，她曾一連幾天，不得不全神貫注地起草致陸軍部的報告，請他們不要聽信一面之詞，應當想方設法澄清全部事實真相。

南丁格爾曾說：「一個人不管怎樣努力，總會有不期待的變故降臨到頭上，從而使這種努力遭到破壞。但是，他還是不應當放棄努力。因為連這一點都丟棄了，那麼，剩下的唯有失敗。」

與戰爭告別

1856 年的新年才開始，南丁格爾的健康狀況更加不好了。她患了耳疾、慢性喉頭炎，又受到失眠的折磨，所以經常在寒冷的深夜，懷抱著挫敗感在斗室中踱來踱去。

南丁格爾工作的情形，完全超出了一般人理解的程度。和她一起工作的瑪依姑媽說：「我真不敢相信，她怎麼能夠不眠不休地處理那麼多事情！」

飲食、氣候、睡眠絕對不能妨礙南丁格爾的工作，即使是在酷寒的嚴冬，她也照樣平靜沉著、從容自若，一點兒也不受影響。但這畢竟只是她堅毅的外表，許多時候，一旦稍事歇息，她卻往往疲憊得像是要暈倒一樣。

1856 年 1 月，曾經負責軍隊物資補給實情的兩個調查團，提出了最後的報告，確認了南丁格爾與史德尼．賀伯特的報告，即戰爭期間在塞瓦斯托波爾的英軍所遭受物資支持不力的事情，原是可以避免的，但卻由於軍事當局的官僚推諉、漠不關心的作風，而造成災害的事實。

這份報告十分公正客觀，文中還提及了一些敷衍塞責的將官，並指責他們不負責任。當這份報告書被提出之後，終於引起了風暴似的迴響。陸軍部大臣在倫敦隨即召開將官會議，給那些被列名指責的將官辯白的機會，而那些人為了洗脫罪名，也不擇手段地開始活動。

結果在會議舉行之後，新的將領授勳升遷被發布了。陸軍部軍官班傑明，這位曾經千方百計想控訴南丁格爾的反對派，竟被授予芭茲勳位。霍爾爵士竟搖身一變，成了約翰．霍爾博士。他還在倫敦散發一份關於南丁格爾小姐的「祕密報告」。

這份報告系由克里米亞的軍需官起草，內容盡是些對南丁格爾和她的護士們的莫須有的捏造和惡意誹謗。同時他們還大肆渲染索爾茲伯里女士編造的謊話。那位瑪麗．史坦利，這時則一面同南丁格爾小姐通訊表示忠誠的友誼，一面又忙著四處散布謠言。布里奇曼院長和霍爾博士原來的心腹們又公開揚言，要把南丁格爾從克里米亞清除出去。

當南丁格爾得知，這些與她百般敵對的人一個個被授勳，而未被審判懲罰之後，內心燃起一股不平之火：「公平正義的力量何在？」

「我親眼所見所聞的災害和不幸，叫我怎麼能為這樣的結局心平？而那些在泥水中死去的士兵們會怎麼說？那些無辜遭難卻犧牲自己的士兵們又會怎麼說？叫我們如何嚥得下這口氣？」

南丁格爾小姐很早就給陸軍部寫了報告，向駐克里米亞的軍事當局要求用電報重新確認她在東方遠征軍中的職權。但很長時間過去了，這個命令依然未到。

3 月裡，陸路運輸團請她派遣 10 名護士前往巴拉克拉瓦協助工作，她一時竟惶惑起來，不知該如何是好。至於那位約翰．霍爾博士近來則有些反常。這次他一面否認與「祕密報告」有任何牽連，一面又假惺惺地寫了一封殷勤的信給南丁格爾小姐，請她親自帶領護士前往醫院。

南丁格爾小姐接受了，但對霍爾博士的好意她並未抱任何幻想。所以臨行前，她囑咐護士們把自己需要的一切用品全部帶齊，包括糧食和炊具。

出發去巴拉克拉瓦那天，委任令剛好到達克里米亞。而且，重新確認的許可權遠遠地超過了她的預想。

原來，這項委任令的由來還有一段不尋常的經歷。還是在 1855 年 10 月，有位自稱勒佛蘿伊上校的人來過戰地醫院，先在斯卡特里，後來又在克里米亞逗留了一段時間。此人原來是新任的陸軍部大臣潘穆爾勛爵派來的密使，任務是查訪戰地醫院的真實情況，然後直接向陸軍部大臣作出負責任的報告。這位勒佛蘿伊上校於 2 月回國了。

勒佛蘿伊上校經過細緻的查訪後，對南丁格爾小姐牽涉的所謂「禮品案件」十分不平，並熱心地催促早日公正地處理此案。

南丁格爾小姐本來只要求政府重新確認她原有的使命和委任，而勒佛蘿伊在給政府提供的詳細報告後則明確要求：在前線總司令頒發的日常命令上，除了總司令官簽名外，也應當同時簽署南丁格爾小姐的名字，每日發送到各駐地兵營、食堂張貼。這項提議果然被陸軍採納了，潘穆爾勛爵以陸軍部大臣的名義向前線指揮官發了一道命令，並要求向全體官兵傳達。

命令內容如下：

這份公文由陸軍大臣直接發送給陸軍司令官，希望視同一般命令被公布。經由這份電文，本大臣已正式肯定南丁格爾的地位，可是本地陸軍當局似乎尚未完全理解，所以本大臣認為有必要讓軍醫當局及全軍人員知道，這位有優異表現的女士具有怎樣的地位，並作適當的扼要的說明。

南丁格爾是在女王陛下的政府中，被認為是英國陸軍醫院女性護士隊的最高指揮官，擁有最高的監督權。任何護士或修女在醫院的職務及所屬單位，如果未經她的許可，不得任意變更。不過，她所有的命令在施行之前，也必須要和軍醫總監取得協定，而軍醫總監對於一切有關女性護士隊的事情，也都必須事先通知南丁格爾，所有有關的決議都必須經過南丁格爾小姐來下發命令。

南丁格爾非常激動。畢竟在克里米亞期間，她幾度遭遇「冷箭」，但並沒有倒下去，並且頑強地看到了最終的勝利。這個勝利，自然是正義對邪惡的勝利。這同時也是霍爾、史坦利以及索爾茲伯里之流的徹底失敗。

3 月 24 日，南丁格爾和護士們冒著雪雨乘船到達巴拉克拉瓦。

這一次她們不再受到冷眼與奚落，而是熱烈的歡迎和積極的配合。3 月 30 日，英法聯軍與俄軍全線停火，交戰國政府開始和談。4 月 29 日，巴黎和會落幕，宣布恢復和平。陸軍大臣潘穆爾簽署了前線部隊啟程回國的命令。

戰爭結束的訊息一經傳出，英國國民一片歡騰。潘穆爾勛爵在英國上院作了有關實現和平的講話。在講話當中，他用了大量的篇幅，對南丁格爾等人的成就表示敬意：

女士們，先生們，這段時間的痛苦，已成為過去。歷史即將掀開新的篇章。連續兩個春天以來，我們經歷了戰爭的風風雨雨。草木枯萎，復又生長，已經掩蓋了克里米亞的舊日陳跡。歡樂的擁抱，熱烈的歡呼，已經代替了舊日的廝殺、殷紅的血跡。一切不屈的人民，已經聚集在團結的彩旗周圍……

今天，在克里米亞，我們的部隊，正整裝待發，醫院已經空空如也。仁慈而偉大的護理天使們，仍在那裡繼續工作。不過，她們的任務，已經全部完成。人們將永遠銘記她們不朽的功績！我們向南丁格爾和她的隊伍，表示由衷的欽佩和敬意！

而此時的南丁格爾卻並未表現出過分的喜說。她知道，如果不進行必要的改革，今後軍隊裡的制度和官僚作風仍將和戰前一模一樣。

傷病員開始大量回國。護士們也開始分期分批迴國了。對護士們今後的職業和生活保障，南丁格爾也作了妥善安置。

整個夏天，南丁格爾很多時間都忙於為護士們準備行李和禮物、寫求職介紹信、出示身分證明書和依依不捨的話別上。在難忘的幾百個戰地救護的日日夜夜裡，包括那些曾經毛病最多的護士，和南丁格爾之間以及她們彼此之間都建立了深厚的姐妹情誼，有的護士雖然只比南丁格爾小幾歲，卻將她視為母親一般。

6 月 30 日，英國陸軍大臣潘穆爾勛爵遵照維多利亞女王的旨意，向南丁格爾頒發了一張感謝狀，代表全體國民、英國王室、政府和軍隊最高當局感謝她卓越的戰時貢獻。

隨著越來越多的士兵和護士回國，英國國內掀起了迎接南丁格爾回國的熱潮。人們都在打聽南丁格爾的歸期，政府打算派出軍艦迎接，並動用皇家御林軍與倫敦步兵連及軍樂隊沿路演奏軍樂，將南丁格爾從港口護送到其住宅。

面對紛紛送到的歡迎活動的邀請函，南丁格爾都一一婉言謝絕了。

南丁格爾對這種虛幻的個人榮耀很淡漠，甚至有些害怕，她的心還在為無辜死去的士兵深深地哀傷。她認為必須想辦法使軍隊做出一些改變，她需要靜下心來，想一想回國後的計畫。

在軍方和家人的一再催促下，南丁格爾寄回了行李，準備啟程回國。7 月 25 日，即南丁格爾啟程回國前 3 天，前線總司令斯托克向她頒發了戰區英軍的感謝狀。隨後，土耳其皇帝也賜給南丁格爾一隻鑽石手鐲，並分送慰問金給每一位護士。現在，這隻手鐲和女王御賜的胸針一起陳列在博物館。

臨別前夜，南丁格爾手提油燈，最後一次獨自穿過茫茫夜色，緩步巡行在悠長的走廊裡。這一次她只有很少士兵需要探視，她在他們身邊逗留得更久，彼此祝福、告別。

7 月 28 日，南丁格爾謝絕了軍方的安排，與瑪依姑媽用「史密斯太太和史密斯小姐」的化名，從君士坦丁堡乘船前往法國馬賽。隨後，她在巴黎同姑媽分了手，仍用化名隻身前往英國。為了避免被人認出來，她在穿戴和髮型上都做了一些修飾，自稱是剛剛受聘到一個英國紳士家中教法語的巴黎郊區太太。

早晨 8 時，南丁格爾按響了勃蒙瑟修道院大門的門鈴。整個上午，她同修道院院長一起作了早禱。下午，她依然孑然一身，乘車北上。傍晚，她已走在伍斯特郡的路上。芬妮、芭茲和威廉正在客廳裡話家常，只有老管家華生太太獨自一人坐在廳前自己的小屋裡。

華生太太聽見有人走進庭院，抬頭一看，只見一個女子身穿黑色長裙快步走上甬路。華生太太再定睛一看，怔住了。

「南丁格爾小姐！」她突然聲淚俱下地跑上前去迎接她。

大名鼎鼎的「戰地女神」就這樣巧妙、成功地避開官方、報界和民眾聲勢浩大的圍追堵截，悄無聲息地回家了。

事後，芭茲回憶說，她的回國「安靜得像一片樹葉」。沒有請到南丁格爾，那些盛大的歡迎會也召開了，不過都是在南丁格爾缺席的情況下召開的，最多也只是由家人充當代表出席。

克里米亞戰爭不是一場目的高尚的正義戰爭，交戰國雙方的傷亡和損失都十分巨大，但也產生了一些有益的後果：自從戰爭結束後，英國士兵不再被同胞們視為近乎歹徒的烏合之眾、人類渣滓，英國護士也不再是那種醉酒、偷病人東西、行為不端的「下賤婆」形象。

南丁格爾及其護士隊用自己的行動，為護理職業樹立了光輝的典範。

成立皇家調查機構

南丁格爾說，克里米亞戰爭期間，她曾見過「地獄」。那地獄的景象深深地刻在她的記憶裡，使她永生難忘。從另一方面講，正因為見過地獄，她在精神與道德上才更為高尚而純淨，更加與眾不同。

從克里米亞回來以後，品味戰後生活的歡樂與幸福，她的眼前仍不時地閃現出斯卡特里醫院種種恐怖的景象。她不止一次地寫道：「很不幸，這些情景，將陪伴著我走完一生。」

縈繞在南丁格爾腦際，讓她感到無限痛苦的，不僅僅是醫院裡那千千萬萬個死者的亡魂，更是那些嚴酷的現實，包括本來可以預防的疾病、可以避免的災禍。克里米亞戰禍中驚人的死亡率是英國軍隊中不合理軍醫制度的必然惡果，而這樣一個制度卻仍然在運轉著，仍然在謀殺士兵們，仍然在重複著斯卡特里的悲劇。

這樣一個嚴酷的現實，只有南丁格爾一個人清楚地看到了。拯救英國普通軍人命運的責任，就歷史性地落到了她的肩上。

處在這樣一個歷史地位，南丁格爾則當仁不讓，毅然聽從了這項光榮使命的召喚。但是，她也為自己的這種命運黯然神傷了。由於在戰爭中相當投入地工作，她的身體經常性疲倦，卻查不出究竟是何病。她變得有些暴躁了。

青年時代那種突出的仁愛精神正在南丁格爾的心中消退，但她的頭腦卻更聰敏，眼光更銳利了，意志也更加堅強，光明磊落、公平處世觀念也更純真了。早年那個多愁善感的女性，在她身上消失不見了，成長起來的是更加堅定信念的靈魂。

1856 年 8 月南丁格爾在日記中寫道：

我寧願站在那些被「謀殺」的士兵們的祭壇上，隨時準備把我的頭顱一併獻出。我千萬次告訴自己：只要我活著，哪怕只剩一口氣，我也要為屬於他們的事業而努力。

9 月分，她寫信給倫敦東威羅區的主教說：

我無法為那些為國服務而死去的人們再做些什麼，他們不再需要我們的幫助。他們的靈魂，已經回歸給予他們靈魂的上帝那裡去了。如今我們應該做的，是爭取不讓他們承受的苦難毫無價值。這就是，我們要接受教訓，要想方設法地減輕他們未來的苦難。

但是，南丁格爾的身體已經疲憊不堪，在緊迫形勢的催逼下，她渴望立即投入工作，必須趁全國上下對於克里米亞慘劇記憶猶新之時，抓緊時間採取行動。只有這樣，才能使無數的冤魂得到拯救。

但是，她能做什麼呢？潘穆爾勛爵此刻正在蘇格蘭丘陵叢林中獵松雞。史德尼．賀伯特也正在愛爾蘭釣魚。南丁格爾接二連三地給賀伯特寫信，他在回信中卻直率地說，認為她興奮過度了，需要好好地休息一下。

她急得像要發瘋。拖延必將誤事，魯莽行事也是徒勞無益的。她意識到，她面臨的困難是很特殊的。她身為女子這已經很不利，而她如今又是舉國聞名的女英雄，這在某些問題上不僅沒有為她提供方便，反而使她步履維艱。

眾多因素湊到一起，就成為一種極為強大的力量，使她成為英國官場上「棘手」的人物。幾遭推諉，南丁格爾感到，不論她制定什麼樣的方案、計劃、建議，都會被官方拒絕，原因僅僅是由於這一切出自南丁格爾。

因此，南丁格爾告訴自己，必須學會剛柔相濟。作為一種對策，自己的言行不能刺激官方敏感的神經。她開始有意識地壓低自己的聲譽。她別無選擇，只有以低姿態入手，才有可能使目標得以實現。

她在筆記中寫道：「有的機構，用我的名字大吹大擂，已經給我造成極大的不利，使我在今後的工作中遭遇阻力。我決不會再以任何方式顯露自己。」

與此同時，南丁格爾也深知浮名虛利的害處，所以她不再寫文章給刊物，也不再演講。相反，她以極大的耐心和由衷的謙遜，一步步地接近權威人物。

就在這個時候，一個意想不到的機會出現在南丁格爾的眼前：維多利亞女王出巡，駐足蘇格蘭巴莫羅城堡。據悉，女王很有興趣聽南丁格爾談談她的隨軍醫護生活觀感，不僅是作為公務，而且作為私人談話。機會，終於讓有心人等到了。

如果維多利亞女王能夠聽從南丁格爾的建議，那麼，南丁格爾試圖改變英國陸軍普通軍人待遇的計畫就有成功的希望了。權力，在正直無私的人手中，會造就許多有益於社會進步的事業。

南丁格爾同女王陛下的第一次會見歷時約兩個小時，這是一次重大的成功。

南丁格爾的住處離巴莫羅城堡不遠，與女王御醫詹姆斯．克拉克爵士在同一個院落，而詹姆斯．克拉克正是南丁格爾在克里米亞時代的老朋友、合作者。在詹姆斯．克拉克的幫助下，南丁格爾多次奉召進出城堡，陪同女王一行去教堂，並參加了數次宴會。

最重要的是，女王本人好多次親自拜訪了南丁格爾。

有一天，正是下午，陽光明媚，女王突然一個人駕乘馬車，沒有帶任何隨從，就一路來到南丁格爾的住所。南丁格爾大吃一驚，感到有些恐慌。女王約她出遊，她趁機談了自己的設想。

又有一天，同樣是在並未預先通知的情況下，女王同樣意外地來到她的住所，興致勃勃地同她一起喝茶。茶中，女王與南丁格爾進行了推心置腹的長談，度過了整整一個下午。

起先，南丁格爾聽到女王要召見的訊息時，高興地從沙發上跳起來。後來，她愈發沉著冷靜，將自己收集的一切數據整理好之後，帶著自己成熟的計劃去拜訪女王。

南丁格爾建議成立一個皇家醫院調查委員會，對軍隊的醫療衛生狀況進行科學的調查分析。如果女王要想批准成立這樣的皇家機構，首先需有陸軍部大臣潘穆爾勛爵的奏章。

而要想實現這一點，其前提是使這位大臣看到改革的必要性。而潘穆爾這個人卻有著固執的個性，一向很難說服。他碩大的頭顱上有一頭濃密的頭髮，對於這樣的形象，人們給他起了個綽號「野牛」。「野牛」為人雖正直、高尚，工作卻粗疏，辦事也不俐落。

女王特意安排了南丁格爾在巴莫羅城堡與潘穆爾勛爵會面，商議起草奏章的事。在這裡，南丁格爾又獲得了意想不到的成功。她的耐心、堅韌，像當年戰勝那些醉醺醺的司務長、桀驁不馴的護士和多疑的官僚一樣，使潘穆爾勛爵完全不敢懈怠，滿口答應了關於提供奏章的事情。

南丁格爾不免感到興奮與驚詫，她沒有想到，自己可以如此順利地說服「野牛」。看起來，一個皇家調查機構，就要根據她的提議建立起來了。

11 月 1 日，在得到了潘穆爾的首肯之後，她返回飯店，同趕到那裡看望她的芬妮和芭茲團聚。此時此刻，她感到前景是從未有過的美好。畢竟，她的這樁使命，有可能順利實現了。

經過一個多星期的周密調查和研究，南丁格爾為這個皇家委員會草擬了一份名單，她盡可能地把醫療系統的菁英人士容納進去。她對每個人選都仔細掂量，反覆權衡，竭力使文職與武官人員保持平衡。

對於該機構的主席，以她的經驗和感受來說，她認為史德尼・賀伯特是最佳人選。史德尼・賀伯特當時身體微恙，所以，起初婉言謝絕，但是，在南丁格爾的一再懇求下，他最後只好同意出任該機構的主席。

11 月 16 日，潘穆爾勛爵登門拜訪，對南丁格爾小姐言聽計從。這次會面中，南丁格爾小姐的主要目的是確定調查範圍，委員會的調查範圍將是全面的、廣泛而深入的，「應當包括陸軍衛生部整個系統，以及所有英軍及國外駐軍的保健和醫療衛生現狀」。

但是後來不知為什麼，原定幾個星期內成立的皇家調查委員會卻遲遲未建立起來。一切的努力彷彿在空氣中被蒸發了一樣。這次令人痛心的失敗，觸發了長期以來的積怨，使南丁格爾終於鼓起勇氣，向英國政府各部保守勢力大膽挑戰。

南丁格爾在自己房裡坐立不安，憤怒至極。她激勵自己繼續戰鬥，直至看到最終的結果為止。南丁格爾一方面寫信鼓勵她的合作者們繼續戰鬥，一方面冷靜地思索對策。她敏銳的頭腦終於識破了這位「野牛」的本質。她寫道：「我們這位勛爵顯然是常人之中最無主見的一個！」的確如此！每次南丁格爾小姐費了很多唇舌說服了潘穆爾勛爵實行改革，但他一回到陸軍部，那些反對派官員們很快又把他拉回到老路上去，使他陷入拖拉不決的作風裡。1856 年元旦，南丁格爾曾寫道：

上帝啊，我已經倦於聽到有關克里米亞災難的說法了。我不想回憶那冰凍、潮溼的戰壕，飢餓、結冰的營地，食物供給的不足，以及本來可以拯救死者，卻遲遲不能到位的軍需儲備……

是的，有關克里米亞災難的話，說得已經夠多了。為什麼不能吸取教訓？災難剛剛過去，真正的悲劇開始了，什麼時候才是盡頭，才能讓不幸的人們看到希望的曙光？

南丁格爾憤怒地詛咒官僚們的無情與健忘。她發誓說：「這件事情不辦完，我決不讓他安生！」1857 年 2 月 9 日，南丁格爾在私人筆記中寫道：

沒有人能體會我對部隊的那種感情。很多女人所關心的一切，只是如何餵養孩子，如何以天鵝絨或絲綢打扮他們的孩子，而我卻不能不考慮得更多。

當年，我看著我的「孩子」披著骯髒帶血的毯子，穿著破爛不遮體的軍褲，在痛苦與呻吟中逐個死去。9000多個孩子躺在那裡，每天呻吟不止，他們當中，很多人最終躺在墳墓裡，並被活著的人們遺忘，包括那些養尊處優的官僚。他們何曾體驗過不幸者的不幸、悲傷者的悲傷？只有經歷過嚴冬的人，才知道嚴冬的寒冷。

但即使是這樣，南丁格爾也不得不與潘穆爾勛爵保持友好的關係，她常同潘穆爾互相通訊問候，並開些小玩笑。南丁格爾致潘穆爾的信件開頭常戲謔地說：「我這個令你煩惱的女子又來了。」

潘穆爾勛爵則開玩笑地稱她是個「專愛惹是生非的傢伙」，而且常把他打來的種種野味送給南丁格爾。

但到了3月1日，南丁格爾實在忍受不了官僚機構的冷漠無情了。她憤怒地寫信給賀伯特：「從今天起3個月之後，我將公開發表我在克里米亞工作期間的全部經歷和見聞，以及我本人對於改革軍隊醫護制度的基本設想，除非在那以前我得到一個將要進行改革的合理而切實可靠的保證。」

賀伯特把這封信轉交給潘穆爾，這一威脅果真使潘穆爾大臣坐臥不寧。公眾輿論很快支持實行改革，潮流終於轉向改革，潘穆爾不得不表示屈從。

5月5日，皇家委任命令正式頒布。一週之後調查委員會成立，並開始投入工作。正在南丁格爾忙於此項重大工作的時候，許多熱愛南丁格爾的人依然絡繹不絕地前往拜訪她。

當時在南丁格爾家中幫傭的老婦人說：

那時的情況，我記憶猶新，我整天為了接待客人忙得不可開交。他們有的乘車，有的步行，什麼身分地位的人都有，還有很多軍人，他們大多是受南丁格爾小姐照顧過的士兵們。不論是健全的或是失去手足、眼睛的人，全都要求見我家小姐。

但能幸運地見到我家小姐的還不到1/10。小姐告訴我，如果是為了養老金來找她的軍人，就請他們留下紙條，由我交給小姐，她會很快給予回覆的。

小姐當然希望能和每個人見面，盡力地為他們提供力所能及的服務，但來的人實在太多了，不只是客廳，連院子裡都擠得水洩不通，何況我家老爺也不希望小姐拋頭露面⋯⋯

偶爾有一次，人們聽說南丁格爾接受政府邀請參加盛會的訊息，便紛紛趕往那個集會。他們竟不分青紅皂白地圍住一個婦女，硬指稱她就是民族英雄南丁格爾。

「請讓我摸一下你的披肩好嗎？」

「請讓我握一下你的手好嗎？」

這讓那位小姐左右為難，不知如何是好！

這件事引發南丁格爾的好朋友，牛津大學校長寫了一封信給她：「從克里米亞回國後，你一直深得民心，受國人愛戴，如果你有意運用這種聲望和本身的才華，恐怕早已是一位侯爵夫人了。」

然而，南丁格爾此時根本無心於婚姻，她決心將自己的一切奉獻給那些低階軍人，將進行改革到底，不再讓那些未來的士兵重蹈克里米亞戰爭的覆轍。

重建軍醫部門

皇家醫院調查委員會成立後，南丁格爾一直居住在伯靈頓飯店，一心操持著委員會的工作。她的工作負擔極重。

3 個月之前，她還是個虛弱的病人，現在卻又夜以繼日地工作起來。她不僅操心著委員會的工作，還要親自起草她個人關於衛生、行政領導部門的機密報告。

後來，她提出「庭園式」的醫院設計方案，即將建築抽成幾個區，她的最終目標是：沒有一個庭園或病房的空氣能汙染到另一個庭園或病房；必須有空曠的天空。同時，可以從外面得到最新鮮的空氣。每個庭園形成一座附屬醫院，裡面設有一流的行政管理機構。

儘管當時還沒有弄清細菌感染的性質，南丁格爾卻從自己的觀察中推斷出這樣的結論：把病人隔離開來可以降低疾病的傳播率。這種現在看起來也許十分簡單的想法，在當時卻有著劃時代的意義，這一想法拯救了無數人的性命。

這種「庭園式」設計，在相當程度上得到了實現，如伍利奇市的賀伯特醫院、蘭伯支的聖・托馬斯醫院。實際上，這兩個醫院都是在南丁格爾的監管下修建的。

不久，皇家委員會調查團開始召開會議，查詢有關證人，以了解軍隊醫院的具體內幕。此時，南丁格爾的工作更加繁重了。

這一年，倫敦的夏天活像一場沒完沒了的噩夢，南丁格爾的小屋裡又黑又悶，天空也總是那樣昏暗、沉悶，而她卻執意不肯離開這令人煩躁的地方。因為她得四處奔波，收集材料，尋找證人。即使是健康的人也難以承擔如此繁重的工作，而身體欠佳的南丁格爾，能這樣不辭辛勞地工作，簡直令人難以置信。

但不管怎樣，南丁格爾做到了，而且是從事這項工作的「先鋒」。她要馬不停蹄地訪問民事和軍事機構、兵營、陸軍醫院、收容所和監獄。

海軍軍醫部總監約翰．利戴爾勛爵，非常敬佩南丁格爾的敬業精神，併成了她得力的朋友。在他的邀請下，她參觀了哈斯拉爾和伍利奇的海軍醫院，並寫出了嚴謹、詳實的調查報告。

在通風和膳食方面，南丁格爾也為醫院提出了一些改進的建議，並制定引進女護士的計畫。

南丁格爾處於一個特殊的地位，周圍工作的同事們自稱是「一夥兄弟們」，而伯靈頓飯店則自然而然地被戲稱為「小陸軍部」。因為維多利亞女王曾誇獎南丁格爾說：「她的智商很高，足可擔任陸軍大臣。」

南丁格爾四處蒐集材料，字斟句酌地研究結論，把所有證詞都進行了嚴密的稽核，確保不出差錯。她與同事們一起擬訂發言稿，以便在委員會調查會議上宣讀，揭示軍隊醫院的真實狀況。

她對待工作一絲不苟、勤奮認真，同事們對她都很信服。就連住在伯靈頓飯店，每天對此耳濡目染的芬妮，在給丈夫威廉的信中都說：「她周圍的那些人，簡直把她的話奉為金科玉律！」

薩瑟蘭德醫生對瑪依姑媽說：「她是這項工作的『引擎』。凡是每天與她共事的人都知道，沒有一個人能有她那樣堅強的意志，能有她那樣清醒的頭腦、強大的力量、無私的獻身精神。她是上帝創造出來的前所未有的天才。」

南丁格爾對人的要求有時有些異想天開。她要求她的同事處事更審慎，研究數據更細緻，對於有些不合理的事實情況作出大膽的批評，哪怕在許可權範圍之外也不要顧慮。只要一切從士兵們的利益出發，只要一切是為了更有效地接近合理、公平、效率就行。

而人們一經納入南丁格爾的工作軌道就一定會著迷。而這種執著精神給她的支持者賀伯特造成很大壓力，所以，她再三說：「沒有他，我是一事無成的。」

賀伯特的威望和他在下院的權力，對調查委員會來說具有頭等重要性。如果南丁格爾小姐能把他調動到這一事業中來，他的能力將是無與倫比的。但此時，這位富有責任心的政治家，精神不振，周身患病。這其實就是一場重大疾病的預兆。

南丁格爾作為一名傑出的女英雄，是全力以赴地投入工作的。她自己的身體每況愈下，但她卻咬牙堅持，那種頑強打拚的鬥志正是一個有高度責任感的人的表現。

在她嚴於律己作風的影響下，任何一個有自尊心的男子都會忍住自己的傷痛努力工作的。因為忍耐和勞動是具有相當價值的行為，而毅力則是極具感染力的。

在南丁格爾熱忱工作的面前，賀伯特也不甘示弱。他們倆的才幹和能力恰好相得益彰，配合得十分默契。南丁格爾勤勉努力，幹勁十足，而史德尼·賀伯特能言善辯、沉著機敏。他倆配合在一起工作，簡直是攻無不克。

南丁格爾在日記中記述著：「他是我見到的頭腦最敏捷的人，行動又快又準確，而且又那麼富有同情心。他的談吐、態度就足以約束那些最難以對付的人。在調查委員會工作的整個時期，從未同任何人爭吵或結怨。」

在歲月的痕跡中，他倆已經建立了深厚的友誼。這僅從史德尼·賀伯特每次信箋末尾的「願上帝保佑你」這句祝頌中便可看出。而這友情的紐帶是十分牢固的。

隨著調查團工作的深入開展，隨著查證會一次次進行，形勢的發展越來越明顯，他們不可能成功，改變英軍的生活條件的提案得不到任何答覆。

7月，最重要的一次查證會開始了。這次輪到南丁格爾小姐本人作證了。她是否要親自出席作證呢？她又應當如何掌握分寸呢？

史德尼·賀伯特方面不願「因挑起爭論而結怨」，最後南丁格爾決定不出席查證會，而只向調查委員會提出一個書面資料，答覆了有關問題。

委員們宣讀了她的證詞，並同意它是結論性的。

委員會報告長達30頁，逐字逐句引自南丁格爾剛寫完的《英國軍醫部門的效率和醫院管理以及影響士兵健康的各種因素的調查》。這份機密報告原來是寫給陸軍部大臣潘穆爾勛爵本人的，所涉及的範圍很廣，整個報告論述熱情激昂，至今讀起來仍感人至深。

南丁格爾在此文中，把克里米亞戰役當作一場規模巨大的軍隊醫療救治的「敗筆」，全面分析了軍醫工作對軍隊素養的巨大作用。她全面總結了這支軍隊如何由於忽視衛生工作而陷入痛苦和失敗的悲劇，又列舉了在進行了有效的改革之後，這支軍隊又如何恢復到最佳的健康狀態，如何提高了戰鬥能力。

南丁格爾以6個篇章全面描述了克里米亞戰役的慘痛經過，最後說：「過去的事，就讓它永遠埋葬在過去吧！但是，我們應當就此改革我們的制度，使我們的士兵今後能受到人道一點的待遇。」

在此書的最重要章節中，她又詳盡地分析了英國軍隊營房在和平時期極端惡劣的衛生保健狀況。她指出，這些狀況如此惡劣，以至於軍隊士兵的死亡率總是比居民的死亡率至少要高出一倍還多！她憤慨地說：「我們的士兵應徵入伍到兵營裡去白白送死！」這句話後來成了改革派的戰鬥口號。對於這樣一個挑戰，任何政府都不敢不予理睬了。

為了保證這顆「重磅炸彈」一擊成功，南丁格爾和賀伯特商量後，決定暫不以個人名義向潘穆爾勛爵提交這份報告，因為所有這些意見、看法最終會反映在調查委員會 8 月分的總結報告中。潘穆爾勛爵可能把她的機密報告束之高閣，卻壓不住皇家調查委員會的調查結果。當然，對委員會的各項建議他是不會很快採納的。他們還得對這頭「野牛」施加些壓力，並明確指出改革的目標和任務。

1857 年 8 月 7 日，史德尼．賀伯特寫信給潘穆爾勛爵，以極其溫和的口吻指出，調查委員會已經掌握並將於近期提交最終調查報告，資料肯定會轟動英國社會，從而把政府置於公眾輿論的強大壓力之下。他建議政府爭取主動，趁報告尚未提交給下院議論之前，趕快採取措施糾正那些急待解決的弊端。信後還附有按照南丁格爾意見草擬的一份改進計劃：由潘穆爾勛爵任命 4 個具有實際職能的分會，分別負責整頓兵營的衛生狀況、在陸軍部建立統計機構、組建一所軍醫學院和徹底改組軍醫部門。

其中第四個分會，南丁格爾小姐稱之為「掃蕩分會」，因為改組範圍很廣，改革派可以在徹底清洗的基礎上重新開始組建軍醫部門。

8 月中旬，在蘇格蘭森林中享受獵雞樂趣的潘穆爾勛爵，被迫南下回到陸軍部研究改革軍醫工作的事宜，這次他逃脫不掉了。經過長時間的討價還價，終於在原則上同意了這一計劃。

史德尼・賀伯特完成了這項任務後，如釋重負，馬上又到愛爾蘭度假釣魚去了。他在寫給南丁格爾的信中說：「馴服『野牛』之後我輕鬆了許多，但我仍很擔心你的身體。回國這一年中，你根本沒有好好休息放鬆過。」史德尼・賀伯特的這封信還沒寄到倫敦，南丁格爾小姐由於一直在伯靈頓的暑熱中苦熬，健康就完全崩潰了。

對芬妮和芭茲一向忍讓遷就的南丁格爾，這一次終於越過了底線，例外地對在身旁吵鬧不停的芭茲叫喊起來：「我需要獨自一人好好待一會兒，我已經 4 年沒有好好休息過了。」

南丁格爾拒絕回恩普利莊園，也拒絕護士的看護。但最終，她還是不得不同意去馬爾汶就醫治療，但不許別人來打攪她。她在醫院裡整整一個月臥床不起，脈搏跳動極快，高燒不退，頭上總要用兩隻冰袋。瑪依姑媽也整日以淚洗面，晝夜陪伴。

南丁格爾病得很重，大家都以為，這次她活不了了。南丁格爾，這位以神的召喚而努力奉獻的人，在竭盡全力之後，終於陷入了傷病。親友們都很擔心。但是，這個意志堅強的人再次頑強地熬過來了，並於 9 月底勉強出院，拒絕去療養院，直接回到伯靈頓飯店。

1857 年 8 月的這次健康危機，的確使南丁格爾小姐的身體從此一蹶不振。從克里米亞歸來之初，她雖然也常常感到勞累和疲倦，但如她自己所說：「總還有些力氣可以東奔西跑。」

當時，她辭去了一切公職，竭力避免拋頭露面，但還可以在家裡接待朋友。而這次病後，她除了工作之外，毫無餘力了。

長期生病也給了她一些方便，使她免受了很多打擾。

例如，姐姐芭茲提議來倫敦，南丁格爾回答說：「……剛剛又發作了一次。」父親威廉堅持要親自來看望她，她又說：「常常頭痛、心悸、氣短⋯⋯」父親只好退卻。

根據瑪依姑媽信中說，當時南丁格爾的生命「正處於危在旦夕的攸關時刻」，同家裡人見面情緒波動的確是很危險的。芭茲和芬妮只好讓步，全家到倫敦參加秋季社交活動時，住的是另一家飯店。

南丁格爾疲憊地躺在軟椅裡，她試圖提筆開始工作。只要身體狀況略有好轉她就寫作。基於女王和眾人的期盼，南丁格爾將她在遠征中所遇到的事以及自己對醫療改革的提議和感想，整理成厚達 567 頁的《軍醫行政的效率》。

這本書完全以自費印刷，分送給親朋好友和與此案有關的人士。陸軍大臣潘穆爾也曾要求南丁格爾寫一本類似於護士工作手冊的書，佛蘿倫絲．南丁格爾就此寫了一本《平時與戰時陸軍醫院護士手冊》，這是早先那本作品的續篇。

接著她又寫了《1854 年以來 3 年間英國陸軍醫院之帳目明細報告》。誠如書名，她將踏入克里米亞遠征的那一刻所有的募捐開支專案一一列表詳細記錄，這本書仍然是自費印刷，分送給每一位捐款人，並公之於世。

在報告書中，南丁格爾附錄了克里米亞各地區戰時醫院的詳細地形圖。這些可能都是她每晚在斯卡特里的那個小屋中所整理出來，如今再重新編排謄寫的。

當這本書印行之後，那些信任她並大膽地把募款交給她的人們，不但知道了南丁格爾的行事方針，也明白了自己捐出款項的真正去處，因此都不禁對她處理公事的嚴謹態度以及勇於負責的作風感到由衷的欽佩。

南丁格爾的報告書，引起了統計專家的注意。1858 年，她制定帳目明細表的優異才能，成為統計學會討論研究的專題。這一份需要耐心與定力才能完成的艱鉅報告，卻是南丁格爾在垂死的狀況下由瑪依姑媽陪伴奔走於各地療養時所制定出來的。

儘管南丁格爾在養病，但事實上她筆耕不輟。病情，沒有好轉的跡象。

有一次，姐姐芭茲告訴朋友說：「南丁格爾想用工作來自殺。」

為此，好友沙謝蘭特博士曾寫了兩封誠懇的長信，勸南丁格爾養病，但南丁格爾不但予以婉拒，反而責怪博士。

由於南丁格爾的健康情形很差，生命危在旦夕，她希望充分利用僅存的每一分鐘，為世人多盡一份力量，這樣她才能更安心地離去。因此她絕不肯輕易放棄未完成的工作，反而比以前更加珍惜每一寸光陰。

在這種情況下，她的健康狀況每況愈下，最終累得無法起身。她自忖大限已到，於是在 1857 年 11 月 6 日寫下遺書，寄給史德尼·賀伯特。

在克里米亞的時候，她也曾親筆寫下遺囑，但此刻她連提筆的力氣都沒有了，因此，必須勞煩舅舅才能完成最後的遺言。在遺書中，她仍然無法忘記終身所抱的志向。

等待她康復後成立護士學校的5000英鎊「南丁格爾基金」，只好轉交聖湯姆斯醫院處理，並且希望把父母身後她所得到的大筆遺產作為示範醫院的建設資金，並規定其中必須包括圖書室、化學實驗室、娛樂場、操場等裝置。

她把後事交代得非常清楚：

主啊！我在此聽候您的召喚：我高高興興、勇敢果決地到斯卡特里，現在我也要快快樂樂、毫無畏懼地回到您的面前！大家都知道，派我到斯卡特里是您賜給我的最大關愛，現在您將帶我去的地方，是否也允許我從事護士的工作呢……

那誠摯無畏的態度，像一首傳奇的歌曲，表達了一個基督教徒對生命負責到底、對使命負責到底的精神。

由於南丁格爾病重，「小陸軍部」的改革方案也一直擱淺，一切陷入絕望之中。在她的心中或許還有許多打不開的死結，但她在垂死之前，卻念念不忘這一改革方案。

南丁格爾一個人筋疲力盡地躺在伯靈頓飯店的新套房中，相信自己活不了幾個月了，周圍的人也這樣想。瑪依姑媽搬過

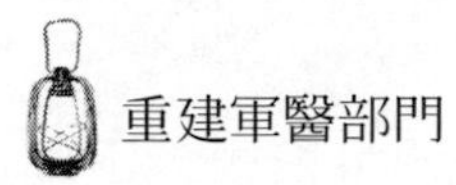

來與她同住，想使她在臨終的日子裡心情輕鬆地度過。

瑪依姑媽的女婿，詩人亞瑟·休·克勞，隨之也成了南丁格爾的「奴隸」，終日「像一匹拉車的馬」心甘情願地為她記寫備忘錄，起草書信，遞送報告。

這是一種離奇的溫室育苗般的生存方式，死亡隨時都會降臨到她頭上。然而，就在這樣一種環境氣氛中，南丁格爾小姐躺在客廳的沙發上，難得坐起來，幾乎從不外出走動，而她卻更加拚命地工作著。

潘穆爾勛爵在改革與維持現狀兩派施加壓力的情況下，再次在「掃蕩分會」的問題上讓步退縮，尤其不敢旗幟鮮明地支持「徹底改組軍醫部門」這一焦點目標。鑒於這種情況，史德尼·賀伯特專門找上門去同這位大臣進行了一次暴風驟雨式的長談。

談話後，這位大臣又一次承諾照辦調查團所提的4項建議。

這時，南丁格爾也看清了，誰能制服這頭「野牛」，誰就是勝利者。於是，她又想出一個新的策略。輿論從來就是改革者最強而有力的武器，她準備發動一次新聞攻勢，向報界和社會公布軍隊內部腐朽的、不合理的官僚體制及其危害。她把已經寫好的所有提綱、事實、數字及寫作綱要通通提供給了報界。這些材料她都不署自己的姓名，甚至連她前不久寫成的小冊子《英國軍隊死亡率研究》，都不是以她個人的姓名發表的。

1857 年年底，在輿論凌厲威猛的攻勢面前，潘穆爾勛爵終於做出實質性的讓步了，4 個分會都在 12 月成立起來。

1858 年 5 月，下院在一陣陣雷鳴般的歡呼聲中，透過了一系列的改革決議。有位改革派的官員寫信給南丁格爾說：「您對增進英國軍隊的福利和效率所做的貢獻超過了任何活著的男人或女人，感謝上帝，終於讓我們都活著見到了您的成功。」

這是一個充滿喜悅、充滿希望的時刻。南丁格爾在伯靈頓飯店「陸軍部」的套房整天人來人往，熱鬧異常。這時候的南丁格爾也是人逢喜事精神爽，身體好了許多。她把自己的住所稍加布置，添置了地毯和窗簾，並在自己的客廳裡接見川流不息的來訪者。

這時，南丁格爾家中也有一件喜慶的大事。

1857 年夏天，芬妮從伯靈頓飯店寫信告訴威廉，有位哈里・維爾尼男爵曾經來訪過。這位哈里・維爾尼男爵是金翰群歷史上著名的克萊頓莊園的產權人，50 多歲，鰥夫，個子非常高，儀表堂堂，一副貴族派頭，是當時英國有名的美男子。他曾殷勤地追求過南丁格爾，並且求過婚，但被拒絕了，但此後卻經常出入於恩普利莊園，這年冬天他與芭茲產生了感情。

1858 年 4 月，他們宣布訂婚，6 月在恩普利悄然舉行了婚禮。南丁格爾沒有參加芭茲的婚禮。那時她在飯店裡養身體，

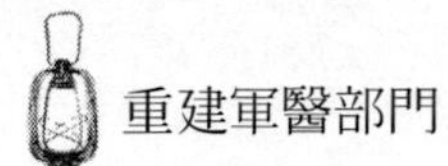

享受著難得的寧靜日子。芬妮沉浸在來得太遲的大女兒婚禮的歡樂之中，總算是了卻了一樁心願。芭茲也一心盤算著如何當一個「維爾尼男爵夫人」式的貴婦，她再也沒有興趣和精力去打擾南丁格爾了。

39 歲的芭茲總算安頓下來了，她後來除了做貴婦人之外，也開始做小說家，寫過幾部描繪男女戀情、家庭生活與社交的小說，但沒有引起很大的反響，倒是有關南丁格爾的一些回憶文章，因為占有第一手的數據，主題又很受關注為她贏得了一些好評。

但是就在人們沉浸在喜悅中時，誰也沒有料到，一個巨大的不幸，正在逼近賀伯特。

與好友賀伯特永別

戰時，遠在前線的南丁格爾與國內的賀伯特相互回應，為前線士兵的生死全力以赴，回國後他們倆又並肩作戰，為改革軍醫制度不遺餘力。然而，令南丁格爾沒有想到的是史德尼·賀伯特的健康狀況在日益惡化！

自 1858 年年初開始，賀伯特的身體就漸漸地每況愈下了。皇家調查委員會 4 個分會的繁忙工作則嚴重損耗了他的身體。他既得不到休息，也得不到關心。南丁格爾相信自己隨時可能死去，早已不把一般的病痛放在心上。她拚命催促史德尼·賀伯特迅速開展 4 個分會的工作，就連賀伯特的夫人也在催他。

麗莎·賀伯特也極力贊助他與南丁格爾的合作，因為這是賀伯特眾多工作中，麗莎最欣賞、最支持的一部分。她極力接近南丁格爾，因為透過她，她與史德尼的關係可以更為密切。

史德尼·賀伯特這位才俊之士，猶如一匹駿馬，漸漸地步入衰老期。南丁格爾正因為將他視為知己和同志，所以以對待自己疾病和痛苦的方式同等地對待他。

他倆像並肩作戰的戰友，互相援助，但他倆又像不同凡響的男女朋友，互相格鬥，爭執而又不傷彼此的心，兩人都以要強的姿態投入工作，可能南丁格爾的準則更為苛刻一些。

南丁格爾時刻不忘在克里米亞戰爭中因照顧不周而死去的傷病員，那些輾轉於病床的痛苦讓她覺得應堅定不移地投身到改革中去，因為那是在救助苦難中的人們。她自己義無反顧，所以對史德尼·賀伯特的逼迫毫不留情。救護苦難中的人，是他倆互相理解、互相支持的根本責任所在。

1859 年，賀伯特又被委任為陸軍部大臣，替代了潘穆爾勛爵的職位。乍看起來是個勝利，現在身居當年潘穆爾勛爵的地位了，沒有什麼事是賀伯特辦不成的了。

但是，如今只有處在潘穆爾的位置，賀伯特和南丁格爾才更清楚地看到，軍隊改革運動最主要的困難，在於陸軍部的行政體制本身。

若要推行改革方案，首先要徹底改組陸軍部。在進行任何改革之前，必須對陸軍部的行政機構進行改組。這樣，史德尼·賀伯特還得肩負起這樣大的一項任務。他又一次感到上帝是如此垂青於他。經與南丁格爾商議後，他著手「簡化辦事程式，取消責任不明的組織建制」。

1859 年夏末，南丁格爾再次病倒了。但這次，她周圍的人對她身體健康的態度也發生了變化。人們形容她的性命「危在旦夕」，實際說來，這種「危在旦夕」已經達兩年之久了。

瑪依姑媽家裡的人已經不耐煩了，催她回家忙自家的事情。由於克勞對她的事業的熱忱，克勞家的正常生活也受到了很大影響。克勞本人的健康狀況也很讓人擔憂，克勞家裡人也開始催他回去。

兩家人都抱怨南丁格爾小姐，南丁格爾小姐很生氣。但是，幸好有瑪依姑媽在倫敦，這樣辦事情就容易多了。

10 月，瑪依姑媽和克勞還在伯靈頓飯店陪伴著南丁格爾，表面看來一切正常，實際上大不如前，問題接二連三地到來了。如克勞健康不良，瑪依姑媽家裡糾紛不斷，陸軍部的種種無法解決的複雜問題，尤其嚴重的是，史德尼．賀伯特的健康已經每況愈下了。

但命運之輪拖著他和南丁格爾一起前進。若把南丁格爾為軍隊所做的事情加起來看，會使人難以置信，任何人都不會強令自己去完成如此龐大的工作量。這些堆積如山的檔案、報告、書信，通通是她親手起草的，這要消耗多少精力啊！而在 1859 年，這還只是吃力工作的一部分。

當時，南丁格爾是全歐洲唯一的一位既有平民醫院經驗又有部隊醫院經驗的人。她的知識和天資，使她不可避免地要被吸引到公共衛生工作領域中去。

1859 年，她出版了一本論述醫院建設的《醫院札記》。該書共出了 3 版，書中提出的一些觀點，直到今天對於受過專業教育培訓的人也是有啟發性的。例如，降低一個醫院的病員死亡率的最有效的辦法就是改善通風、排水和搞好清潔衛生。

從此以後，不斷有人就醫院建設的有關問題向她請教，有的甚至從荷蘭、普魯士、印度、葡萄牙來徵求她的意見。這包括一系列的技術問題，從怎樣用管道供水，到醫院裡牆壁的顏色，問題五花八門。她給鐵器商、工程師、建築師等寫過數百封信，甚至還有一篇題為「論汙水槽」的長篇報告。

南丁格爾還倡導實行了對醫院病人統一登記和疾病分類統計的制度，並特地為此設計了一些示範性的表格。「使我們對不同醫院、不同疾病的死亡率情況做到心中有數」。

倫敦絕大多數醫院後來都採用了這種登記表。南丁格爾覺得統計「比小說更生動有趣」。她說，她專愛「啃硬骨頭」，弄清事實。她的好朋友西拉麗．博納姆．卡特回憶說：「南丁格爾不管多麼疲憊不堪，一看到一長篇數字，對她來說，總是最好的興奮劑。」

隨著衛生事業的改進和發展，護理逐漸退居次要地位了。但南丁格爾對這一事業的熱忱絲毫未曾減退。在 1859 —— 1860 年年底，她籌辦了護士學校。但是，時至 1860 年年底，對她來說那項十分重要的事業，為了英國軍隊所做的工作，遇到了意想不到的挫折。

史德尼．賀伯特的健康終於完全垮了。他病倒的時間是最糟不過了，因為，陸軍部的改組工作只有他一個人能夠勝任。「再打一仗吧，再打最後一次，最漂亮的大仗吧！」南丁格爾曾寫信這樣央求他，讓他振作精神，鼓起最後的勇氣，打完這最後一仗，就答應讓他退休，好好休息。

史德尼．賀伯特的精力此時已將消耗殆盡。醫生說，他患的是腎臟疾病，已到晚期，無法治療，醫生建議完全臥床休息。而這個意見不僅南丁格爾和賀伯特夫人無法考慮，就連賀伯特本人也感到不可能實現，他仍舊一味地苦撐著。當時改革運動同官僚守舊勢力的鬥爭正處於白熱化階段，他，這場抗爭的中心人物，怎麼能夠躺調班息呢？

1861 年 5 月底，南丁格爾託付給他的工作他都完成了，他實在支撐不住了。每天早上，他總是先靠在沙發上喝上兩口白蘭地酒，然後藉著酒勁，爬到陸軍部去上班。這個堅強的人就是死也要站著死去。

6 月 7 日，他寫了個便箋給南丁格爾，說明自己確實必須退休了。南丁格爾痛苦地答應了他。他能忍受佛蘿倫絲．南丁格爾生氣，卻不願使她感到難過，他深知南丁格爾重病纏身，心繫國事。他常常這樣說：「可憐的南丁格爾，她捨棄得更多啊！」

於是他特意親自去拜望了南丁格爾。

一場嚴峻的談話開始了。南丁格爾本人的精神和健康也正被愁苦和辛勞消磨著，她當然不願看到眼前又倒下一個戰士、一個忠誠的合作者。而史德尼．賀伯特想到，如果他不去承擔這一切，那就等於斷送了英國軍隊。再說，還有誰能比南丁格爾捨棄的個人幸福、忍受的個人痛苦更多呢？

這樣，賀伯特完全不顧自己的病情，又把一切都承擔下來了。7 月 9 日，他又一次乘馬車來到伯靈頓飯店，向南丁格爾告別。他走路已搖搖晃晃，很吃力了，由別人扶著走上樓梯。這就是他們的最後一次會面。

賀伯特支撐著回到了自己在威爾頓的住所，這個他如此熟悉而喜愛的地方。「我熱愛這裡的每一個角落，這個地方宛如一個有靈之物，一個活人……」

3 個星期之後，1861 年 8 月 2 日的清晨，這位頑強的戰士終於與世長辭了。賀伯特臨終的話是對南丁格爾說的：「可憐的南丁格爾，我們共同的事業還沒有完成……」

在南丁格爾忠誠無私精神的感召下，史德尼．賀伯特臨死也沒有退出陣地。他死後，驗屍的結果令醫生感到驚奇：一個人病得這樣嚴重尚能堅持工作一年之久，簡直是醫學界的奇蹟！

又過了很多年，史德尼·賀伯特與南丁格爾共同為之奮鬥的事業才逐步得以實現。史德尼·賀伯特的心血並沒有付諸東流。如果沒有他的努力，英軍士兵的悲苦境遇也許還要繼續耽擱半個世紀之久。

1857 年的皇家衛生檢查委員會也許並沒有完成預定的任務，但它的成立，它的從無到有的發展，就是一個勝利，它代表著一個新的時代已經破曉，軍隊士兵已經看到了曙光。

史德尼·賀伯特病逝兩週後，南丁格爾小姐寫成了一篇悼念他的回憶錄，即《史德尼·賀伯特和他對英國軍隊的貢獻》。此後，她永遠地離開了伯靈頓飯店。她感到那裡像是一所「凶宅」，每當她憑窗眺望，彷彿總會見到史德尼·賀伯特就站在大街上。之後，南丁格爾完全沉湎在思念和悲哀之中。她十分悲痛，但並不悔恨自憐，她感到她忠實地履行了她的天職。

回首往事，她問心無愧。但畢竟，現實發生了異乎尋常的變化。史德尼·賀伯特在世時，她感到，她是一隻手，而史德尼·賀伯特是這隻手中的利器。而此刻，每當想起他，她就會感到史德尼·賀伯特才是他們共同事業的主人和「大帥」，而且在感情上與他似乎也更加難捨難分。

她寫道：「沒有人像我那樣敬仰他，追隨著他，沒有人像我那樣地了解他。」

與好友賀伯特永別

成立護士學校

自 1859 年起，南丁格爾開始在聖．托馬斯醫院籌備創辦一所護士學校。建校資金來源於戰時成立的南丁格爾基金，耗費 45000 英鎊。

這個計劃當南丁格爾在克里米亞浴血奮鬥時就已誕生，現在她更是從長計議。她堅持要以最佳的投入來成立護士學校。

但是，興辦之初，護士學校的計畫並未獲得廣泛支持。在聖．托馬斯醫院內部，許多醫院的高級顧問、外科醫師甚至也認為「護士工作無非是侍女的工作」，只要稍微學一點簡單的消毒知識，會裹紮繃帶就行了。當然，出於對南丁格爾的尊重，還沒有人公開講這種難聽的話。

醫學界的另一些人則敏銳地看到，在南丁格爾的努力下，護士工作可能在醫院裡以更科學的面目扎根。還有一部分人對此並不表示歡迎，一個很有影響的醫學界協會就公開聲稱：「興辦護士學校只會侵犯醫生的工作範圍，擾亂醫院秩序。」

堅決支持這項計劃的只有兩個人：一個是內科住院總醫師；一個是醫院舍監沃博太太。

沃博太太是一位資質高雅的婦女，42 歲時喪夫，還帶著幾個孩子，一直從事護士工作，曾在醫院病房裡學習過，她後來應徵擔任了南丁格爾護士學校的校長。她在任職的 27 年中，貢獻很大。南丁格爾敘述她說：「沃博太太具有鮮明的個性，過人的能力，好像憑直覺就能理解事物，進而做好工作。」

籌辦學校的時候，南丁格爾嘔心瀝血，寫了一本專供一般婦女使用的《家用護理手冊》，這本書後來成為她最著名、行銷最廣的著作。《家用護理手冊》的內容，是一些基本的護理常識和簡易的護理方法，主要是提供給家庭主婦，告訴她們如何維護家人健康。書中的詞句活潑生動，毫不刻板，所列事項縝密詳實，十分受歡迎。

這本專門以衛生護理為主題的書，在當時可以說是劃時代的鉅著。它在 1859 年 12 月一出版就空前暢銷，又增印好幾版，甚至有人將其翻譯成法文、德文和義大利文，影響深遠。

讀過南丁格爾著作的人，都能很清楚地感到，南丁格爾是一個慈祥和藹、體貼入微的護士。她不但能了解病人身體上的痛苦，連精神上的痛苦她都很能體會。

她寫道：「不可忽視病人內心的煩惱，而一味地促其病癒。」

「病人經常猶豫不敢說出心裡的要求。」

「一般都認為，護士只會照顧病人的身體，事實上，護士也應該關心病人的心理狀態，給他們信心和鼓勵。」

南丁格爾稱出色的護士為天使。她說：「對一個貧窮而惱人的傷病員能夠耐心照顧，並且在他不幸病逝後仍會掩面痛哭的護士才是天使。如果只是在病房中巡視一番，統計著從昨夜到今天一共死了多少人，而一點也不傷心的護士，那就不是天使了！」

她對護理工作的要求是具有絕對的愛心，沒有愛心，護理工作就完全失去了意義。

南丁格爾還說，當病人被安置在封閉的房間，不能透過窗戶看到外面的風景時，感覺一定是痛苦的；當病人收到一束嬌豔欲滴的鮮花時，心情一定是歡喜的；護士隨時走動所發出的聲音，有時會引起病人的焦慮；而病人在得到疏解之後的安詳感，護士應予以及時肯定，表示理解。

「小動物也會成為病人的朋友，在籠中的鳥兒，很容易成為在病床上躺了好幾年的人所喜愛的寵物。」

南丁格爾很喜愛孩子，她經常鼓勵孩子去探望病中的親人，因為孩子的天真無邪，常給病人帶來生機和活力。

她也提到過飲食對病人的重要性。醫院不當的飲食，每年使好幾千名患者因此而死亡。牛奶和蔬菜是必需品，量的多少也很重要……

在《家用護理手冊》出版 6 個月後，護士學校的設立，也即將實現。這所護士學校的宗旨是培訓護理師資，為大醫院和公共醫療機構訓練出合格的護士人才，而不是培訓私人或特約護士。

這一新事物，隨時都會遭受一些反對派的挑剔。所以，學員和辦學者必須步步謹慎，使自己無懈可擊。誠然，護理事業的未來就要靠這些青年女子的良好表現了。

為此，接受訓練的人都是經過嚴格挑選和考核的。但是，完全符合條件的人並不容易找到。曾跟隨沃博女士多年的克露沙蘭老師在一次聚會中，對學校的入學資格作了下面的說明：

普通科學生，年齡限 25 歲至 35 歲之間，對象是上層社會的傭人，以及佃農、商人、工人的女兒，她們必須具有聰明的頭腦和基本的教育知識。此外，還必須絕對服從醫師，並能對患者做仔細的觀察和正確的報告。而且，在接受醫師的命令後，能馬上付諸實踐，動作和思考都非常敏捷。

此外，有健康的身體、自願奉獻的愛心和不屈不撓的意志與耐心以及身體力行的精神才有資格接受普通科的衛生教育，成為正式的學生。

另外，對於特別科學生入學資格的要求是這樣的，她們必須是專家、牧師、軍官、醫生、商人或其他中層以上以及上流家庭的女兒，年齡在 26 歲至 37 歲之間，除了受過高等教育外，還必須機靈和善良。

特別科是專為培養醫院各部門中優秀的護理長而設的，所以要求比普通科嚴格。因為，特別科的學生不但要完全了解並熟悉普通科的各科知識和技巧，還要更進一步地精通其他相關的各種知識，以便勝任領導的職位。

這一科的畢業生，將來到社會上服務時所必須牢記的，就是要了解自己所從事的是一項最高尚的職業，但絕不可因此而自負，必須具有謹慎謙虛的服務精神，以身作則，進而領導他人，以感化的力量代替專橫、壓制和喋喋不休的斥責。

事實上，這是女性從業所應當共同遵守的原則，要成就完善的事業，絕不是外在強大的力量所能達到的。

知識、經驗和閱歷越豐富，對事理的判斷力也就越明確，因此使學識和經歷相結合，絕不可以用理論來代替實際，或以知識來取代愛心。以增進人類的幸福為生命的意義，願意服務人群、願意體驗護士生活的可貴的女性，才是最合適的人選，才有資格進入特別科。

這的確是非常嚴格的要求，具有這等資格的女性，不僅受到「南丁格爾護士學校」的歡迎，也受到社會一般群眾的重視。

這正是南丁格爾的理想，不是一個完美的女性，絕對無法成為一個理想的護士。凡是前來報名的人，都必須經過南丁格爾的審定考試，因為她能很正確地分析每個人的品格優劣，所以評語也異常苛刻而允當。

1860 年 6 月，南丁格爾護士學校正式開學，第一期學員只有 15 名，培訓期為 1 年。學員一律住宿在聖．托馬斯醫院樓上的「護士之家」裡面。每人一個房間，一律穿棕色制服，白圍裙，白罩帽。食宿、制服費用由南丁格爾基金會提供。

培訓期間，每人有 10 英鎊的生活津貼，這個標準在當時是空前優厚的。女孩子們都很勤奮，每天按時上課，由聖．托馬斯醫院的高級醫護人員講課。她們還要認真地聽課記筆記，準備筆試和口試，並按期到醫院病房做實習護士，在醫生和護士的指導下做臨床護理實習工作。校長沃博太太親自觀察學習和實習情況，並每月填寫每個學生的學習和工作表現，歸檔備考。

學校在生活習慣與行為品行方面的要求，比對學科的要求高出許多。沃博夫人在嚴格督導學生之後，每個月要寫一份「個人評鑑與學習評估」的報告書。

這份由南丁格爾親自設計的報告書，內容專案繁多，非常細緻。它抽成「道德記錄」和「技術記錄」兩大項，她規定，「道德記錄」分為 6 個小專案：守時、沉著、自信、品行、清潔與病房整理，「技術記錄」則多達 14 個小專案，又各自再抽成 12 個細目。

沃博太太在每項標準上面分別寫上優異、優、中、可、劣 5

個等級，而且還作有祕密的人物報告。

南丁格爾對這些年輕女子要求很嚴。因為她知道，護理事業的未來，有賴於她們的行為、氣質、思想，這關係到護士培訓事業的成敗。

南丁格爾多次告誡勸勉護士們，必須以良好的行為來扭轉人們對護理事業的偏見。學校明文規定，學員們不准戀愛，否則立即除名。不准單獨離校，外出活動必須有兩人同行。

除此以外，作為管理者和培訓者，南丁格爾還為每個學員制定了學習計劃。每人每天必須寫學習日記，每月底要進行宣讀，以便深入了解她們的思想狀況，這使得學員更為積極主動。南丁格爾發覺有些學員的拼寫能力太差。於是，她便安排學員們進行拼寫訓練。

南丁格爾護士學校的學生逐漸以清潔、溫柔、操守良好、行為端正的面貌出現在實習病房中。因此，學校的形象逐漸從逆境中站了起來，南丁格爾成功地糾正了一般世俗的眼光。

辦學的成績很快就顯現出來了，在數月之後，許多醫院開始預約南丁格爾護士學校即將畢業的學生了。

1861 年年底，「南丁格爾基金會」又開始了另一項新的嘗試，那就是設立助產士培訓學校，這也是南丁格爾的願望之一。他們得到劍橋大學金斯學院的協助，在產科病房新增裝置，而該院的產科醫生也願意提供 6 個月的訓練。

「在國外，大部分的國家都有這種培育助產士的國立學校。我相信在英國也能夠實現這個期待已久的願望，為成立這類學校開啟一條道路。」南丁格爾曾這樣說。

這所學校所培訓的學生，不僅在醫院中擔任助產士的工作，也有人成為一般家庭協助婦女生產的訓練師，有些地方的大地主、有錢人，也都自費送一批女生來培訓，以便今後學成回鄉做自己家鄉的助產士。這所學校經過兩年多的時間，有許多成功的貢獻，直至後來產褥熱流行，才告關閉。

這期間，經克勞介紹，南丁格爾結識了牛津大學的傳奇人物，著名的希臘語教授班傑明．喬伊特。他們相識不久就發展成了親密的朋友。不久，喬伊特教授極力向南丁格爾求婚，但被她拒絕了。不過，他們的友誼並未因此受到影響。他們仍保持著頻繁的通訊往來，南丁格爾在許多事務中都獲得了「我親愛的喬伊特」的忠誠協助。

但是，當史德尼．賀伯特去世後不到 3 個月，南丁格爾又承受了一次毀滅性的打擊：亞瑟．休．克勞在義大利病逝。這次打擊竟使南丁格爾木然了，「現在幾乎沒有人了。」她寫信給道格拉斯．高爾頓說，「最近 5 年中與我一道工作過的人，只剩下我還留在這個世界上。這真是我絕對沒有想到的。」

軍隊改革的首席智囊

儘管南丁格爾一直忙於護士學校的建立，但她並沒有停止其他工作。人們把一切有關英軍醫療衛生保健事業方面的問題，都轉到她這裡來向她求教。每天有很多人徵詢數據和各種意見。她每天都要整理記錄、編制規章、寫備忘錄、起草指示等。

南丁格爾還憑藉自己在統計、財政方面的才能，為軍醫署設計了一套成本會計制度。這套制度，直至 80 年以後仍在沿用。

那時，負責軍事工程建築的是道格拉斯．高爾頓。他也像史德尼．賀伯特一樣，十分重視南丁格爾的意見。透過高爾頓，她成為當時新建的營房醫院設計方面的首席諮詢顧問。

與此同時，又有一項艱鉅的任務落到了南丁格爾的肩上。史德尼．賀伯特去世後，印度衛生調查團工作的重擔就移交給她了。還是在 1858 年時，她就已經發現，當時根本找不到一份權威的數據來了解駐印度英軍的衛生狀況。因此，她決定親自動手，累積有關印度的第一手數據。

之後，南丁格爾與專家們一起設計了一個「情況調查登記表」，寄往印度各地兵站。

1860～1861年，這些調查表陸續地從印度寄回來。她開始深入分析研究這些報告。助手是克里米亞時期的同事，蘇格醫生和統計專家法爾爵士。

這些調查統計數據後來形成了一本1000多頁的調查報告書。當時南丁格爾不是印度衛生狀況調查團成員，但還是被邀請為各兵站的這些調查報告寫編者按語。

接下來的一段時間，南丁格爾完成了總題為「南丁格爾小姐的意見」的編者按語。人們還不知道，多少年來駐印度英軍一直像蒼蠅一樣一批接一批地死去，年平均死亡率高達7%。「營房病」加上印度地區屬熱帶氣候，特別是和那些生活在汙物中的當地居民接觸頻繁，駐軍士兵的死亡率要比國內駐軍高出100多倍。

至於營房條件，有份登記表上填寫著：「每間營房住士兵300人，尚非不堪忍受的過分擁擠。」南丁格爾看後問道：「那麼，什麼叫『可以忍受的過分擁擠』呢？」營房內都是泥土地面，按當地習慣塗以牛糞。有關飲用水的情況，調查表填寫著：「氣味尚可」或「氣味難聞」。根本沒有排水設施，廁所很少，也根本沒有洗浴條件。

但是，糾正這些現象卻涉及一個新問題：如果只把兵營和醫院條件弄好，而附近的居民區仍是一片汙穢，那又有多大的意義呢？

南丁格爾寫道：「要拯救駐印英軍就必須搞好整個地區的衛生狀況。」軍隊的保健工作同當地居民的保健工作是休戚相關的。從根本上看，由於「飢餓是對人民的經常性威脅」，而飢餓是會滋生疫病的。她的思想認識又進一步深化：要改善衛生先要發展水利灌溉，首先需要使印度人吃飽肚子。

根據她的意見，英國在印度實施了一系列重要改革措施，並獲得了積極的效果。

事實上，南丁格爾本人以前從未去過印度，後來也不曾去過，不過，在她此後的餘年中，許多終生在印度工作的人，都到她這裡來求教。儘管最初她的努力似乎未見成效，但最終，她倡導的改革計劃都實現了，如以鄉村為單位普及、改善衛生狀況的教育，城市中鋪設排水管道，改進公共場所的衛生環境等。

在某種意義上，南丁格爾在印度醫療事務中所占地位的重要性，遠遠超出了她在陸軍部的意義。但是，史德尼．賀伯特去世以後，南丁格爾就少了一份協助的力量。

當賀伯特就任陸軍大臣時，南丁格爾就是經由他這扇門，才得以進入了官僚的世界，因此對她產生了極大的影響。由於她深諳軍隊管理與營運的方法，也因而做出了不少成績。

可是如今史德尼．賀伯特已經不在了，她自然也不會繼續留在陸軍。南丁格爾此時十分清楚自己一生該做的工作，而現在可以說都一一完成了。但是，她的健康也因此受到了嚴重的威脅，幾度倒下，舊疾又逐漸復發了。

她感覺非常疲倦，很想一個人靜靜地過日子。事與願違，她還沒有得到充分的休養，就必須再振奮起來。

1861 年 4 月，美國南北戰爭爆發。

到了 10 月，美國華盛頓的陸軍長官，委託南丁格爾協助建設醫院，照顧傷兵，所以她就把英國陸軍的數據統計及其他相關記錄寄到華盛頓。

她在 1857 年皇家調查委員會成立之前，也曾把這些數據寄給美國華盛頓護士會會長蒂斯克。同年她也收到英國陸軍當局的緊急求助函。因為英國和美國北方各州的情勢十分緊張，因此政府就很快把增援部隊送到加拿大。12 月 3 日，德格雷馬上寫信給南丁格爾，請教她有關運輸軍需物資和遠征軍衛生必需品的事情。

南丁格爾的身體更虛弱了，可是她卻努力地強打起精神，重新作了各種企劃，給遠征軍的將官作參考，而德格雷也轉告她的企劃案全部被採行。

她在確定輸送的平均速度之後，就把到加拿大的遠端距離、運送傷兵所需的時間加以計算：她把接力運送的方式，必要的中途基地應設在何處，還有每一處基地需要作何準備，都具體計劃。她處理事情細密周到的能力，依然沒有減退。

她也不斷修正軍中運輸的計畫，提供意見，也不時地拿克里米亞戰役中斯卡特里的情形督促他們。在艾伯特殿下的仲裁後，戰事平息了，兩週之後，殿下也因不治之症而去世了。戰事雖然停止了，卻由於一連串緊鑼密鼓的工作，迫使南丁格爾不得不暫時忘記自己的健康而再度走上工作職位。

南丁格爾的身體越來越衰弱了。

1861 年的聖誕節前夕，她曾一度病危，數個禮拜之間，她在生死邊緣掙扎。最後，她頑強的體質終於得到了意外的勝利。1 月中旬，她已能夠從床上起來了。

此後 6 年，她一直纏綿於病榻不出房間一步，就連搬家也是別人幫忙攙扶著。搬了家之後，她更看不見外面的繁華世界，圍繞著她的只有四面牆壁。

為了使她有一個安靜、舒暢、美麗、清雅的環境恢復身體健康，大家都建議她住到伍斯特郡或恩普利等豪華住宅裡，但她堅持要住在倫敦市郊區旅館或租賃的房屋。

大概是為了工作上聯繫的方便，她才堅持不肯離開倫敦吧！但是她又經常對旅社和租來的房子感到不滿，在這種進退兩難的狀況下，她只好經常搬家。

南丁格爾曾在一年內換了 4 個住所，後來女王知道了，便邀請她搬到宮裡去，而巴尼大臣也願意把位於倫敦南街的房子讓給她住。此後，她才停止漂泊不定的生活，定居在這棟位於海德公園附近的幽靜住宅裡。

南丁格爾對英國陸軍的影響力依然繼續存在，而她的立場已由領導者轉變為顧問，十分受重視。

凡是有關英軍健康管理方面的問題，都被引薦到南丁格爾那兒尋求解決的辦法，而此時，她只不過是一名長臥病床、足不出戶的女性，但她從不含糊，總是盡心相告、傾囊相助，她簡直成了英國軍隊的直接顧問了。

貧民醫院的改革之路

到 1865 年夏天為止，南丁格爾已經 8 年未曾回家了。

母親芬妮已是 78 歲的老婦人了。她視力衰退，又因為最近從馬車上摔下來受了傷，身體一直沒有復原。芬妮正被那些因受傷而帶來的後遺症所折磨著。

8 月，正是一家人遷往伍斯特郡的時候，因為芬妮尚未康復，所以南丁格爾就回到家中，陪伴母親。垂垂老矣的芬妮，晚年十分孤寂。曾經她談天說地的對象芭茲，因婚後住在英格蘭東部，忙著做「貴婦人」和「小說家」，所以無法經常與母親做伴。

在恩普利莊園的家人，為了迎接南丁格爾的歸來，特地為她安排了 6 個房間，以免她的生活受到干擾。而她在返家後也的確一直埋首於工作之中，除了探視母親之外，絕少出房門一步。

離家多年的南丁格爾，此時與母親的相處是融洽的，她深信自己依然是愛母親的。那年，她一到達恩普利莊園，就寫信給梅雅莉：「母親雖然年事已高，身體也因為健康的衰退而不自由，但令我感動的是，母親比過去溫和慈祥，凡事也都能想得開……」

南丁格爾是一個對任何事情都要求嚴格的人，家人顧及她的身體情況，對於她的嚴格要求和批評，都不敢與她爭吵，而唯一能替她打發這些寂寞的日子的，只有那些來家裡玩耍的小孩子。

中年以後的南丁格爾，時常從孩子和小動物身上找到一些慰藉。她愛好養貓了。工作的時候，也有一隻脖子上紮著花結的貓兒陪伴著她。她養的貓多達 6 隻，牠們滿屋亂竄，在她的檔案、信稿上，都留下了許多爪印。

如今，這些爪印在她留給後世的許多文稿、報告、信札中，還清晰可辨。詩人亞瑟·克拉夫的孩子，就曾在南丁格爾家中嬉戲，得到她的喜愛，事後南丁格爾寫信給克拉夫夫人說：

當這個孩子穿著法蘭絨的外衣來見我時，他一臉端正威嚴的樣子，我馬上就喜歡上他，接待他坐下。這個孩子挺直著身子坐在椅子上，一句話都不多說。

當腳邊的貓兒「噌」地一跳，跳到他膝上時，他大方而穩重地伸手撫摩牠，又好像是輕聲在對貓兒說話一樣，貓兒也就溫順地臥在他懷裡，彷彿已被這孩子的威嚴所臣服。

後來，他伸出一隻腳，要我為他暖暖，當我輕握他的小腳時，他那小臉蛋兒笑得像春天的花朵。不一會兒，他向我搖手告別，依然不說一句話……

這年夏天，南丁格爾的時間幾乎全為貧民醫院、病人看護設施的計畫所占據。早在 1861 年間，她曾收到一封寄自利物浦的信，是由一位叫威廉．拉斯明的人寫的。這個人從年輕時起就是地區福利協會的名譽會員，經常去訪問利物浦的貧民區，探視臥病在床的貧民。他在 1859 年的時候設立了地區護士會，就在自己所在的地方，和一位專職的護士一起開始工作。

但是，只有一名護士，是無論如何也忙不過來的，其他工作也無法開展。於是，他打算自費創立一個護士會，來照顧那些臥病於家中的貧民。這些護士必須是富有責任感、值得信賴而又具有豐富經驗的人，但這些專業護士得之不易，因此，他就向南丁格爾求助。

南丁格爾就建議他，先創辦一所護士訓練中心，同時和利物浦的國立醫院約定好，凡是由此中心結業的人，一定允許進入醫院實習。因此第二年，威廉．拉斯明就遵照南丁格爾的建議，設立了護士培訓學校，並與國立醫院保持關係，一切進行得十分順利。

威廉．拉斯明雖然非常富有，但是他生活儉樸不自私，為人也很慈祥，富有愛心，這使南丁格爾由衷地敬佩，兩人遂結為好友。而威廉．拉斯明對南丁格爾的敬愛更是無窮盡的，自從她搬到新家以後，他曾送給她一座花臺，並固定每週派人來換新鮮的花。

拉斯明時常到貧民收養所訪問，同時也致力於照顧貧病的居民。他同情貧民區的貧民，但覺得貧民收養所的病人更可憐，因為他曾經多次親訪利物浦的貧民醫院，十分了解其中照顧病人的情形。

兩年後，威廉．拉斯明著手貧民醫院中護士工作的改革。為了此事，拉斯明頻頻與南丁格爾書信往來，對於如何訓練專職護士、如何申請使護士順利進入貧民醫院，以及怎樣才能得到教會的協助等問題，兩人熱烈討論，交換意見，聯手向管理貧民醫院的教區教會挑戰。

「好像我們要占領貧民醫院似的，甚至好像我們有侵占整個英國的野心似的，凡是我們所提出來的要求及各種約定，在教會中一直被討價還價一樣地熱烈討論著……」

南丁格爾如是說。

好不容易在 1865 年 3 月得到了許可，於是他們馬不停蹄地展開倫敦貧民醫院的改革工作。

1865 年 12 月，住在倫敦貧民醫院的提摩西因為被安置於衛生狀況不良的地方，又缺乏適當的照顧而死亡。此事傳開之後，社會為之譁然，紛紛對其進行指責。

南丁格爾趁著這個機會，根據貧民救濟法，用巧妙的手筆寫了一封信給救貧廳的廳長查爾斯。

「提摩西事件已經明顯地暴露出貧民醫院護理情況的缺失，改革的工作必也急如燃眉，否則將有更多的貧民受此之害，因此我才敢冒昧地寫這封信給您。而實際上，在利物浦的貧民醫院，已經有一群南丁格爾護士學校畢業的專職護士正在進行改革的工作……」

大約到了 1866 年 1 月底，查爾斯廳長竟親自前來拜訪南丁格爾。查爾斯舉止優雅，談吐不俗。會談之後，兩人很快成為好朋友。他們不止談到貧民醫院護理工作的改革，也連帶談到許多相關的問題。

南丁格爾認為，貧民醫院中的問題叢生，如果只是頭痛醫頭、腳痛醫腳地改革護理工作，而不從醫院整個管理方面的缺失著手的話，情形仍然得不到改善。所以，她對廳長說，可以利用提摩西死亡的事件為機會，請求詳查貧民在醫院中所受的待遇等各種問題。

到了 3 月，南丁格爾護士學校的護士，才被批准進入利物浦貧民醫院。5 月 16 日，12 名護士和阿格妮斯護理長就進入醫院展開工作。

一直令南丁格爾擔心的是這個護士團所表現出來的耐心、品格和機智。

在貧民醫院，任何事情都要自己動手做，擺在她們面前的工作，是重大的考驗和挑戰。幸好，這位年輕的護理長相當優秀，能力很強。南丁格爾曾寫信向梅雅莉描述她：「阿格妮斯年輕、機智而富有活力，容貌也很美。」

不只是美，阿格妮斯還有著殉道者的胸懷。她也明瞭這份工作帶來的恐懼，開始時雖想拒絕，但良心不許可，她或許受過神的召喚吧！當她受到南丁格爾的邀請時，必也經歷了激烈的內心掙扎和對神的祈禱，因此，數天後，她就毅然回函說，願意接受這份工作。

後來，南丁格爾在一本「福音雜誌」上寫了一篇文章，描述了這名護理長工作的情形。阿格妮斯曾在幾所大醫院服務過，據她所說，在來到利物浦貧民醫院之前，她真的不知道什麼是罪惡和邪惡。她以為貧民醫院的病房是世界上的地獄，不道德是應該的，而不清潔也是理所當然的。

病人 7 個禮拜都穿著同樣的衣服，寢具一個月只換洗一次，食物少得不足以果腹……阿格妮斯於是想到專職護士的前途似乎是黯淡的，但是南丁格爾鼓勵她說：「一切好像是斯卡特里的勞苦又重新來過一樣，我們必須咬緊牙關，努力衝破難關……」

隨即，情況開始轉變了。在阿格妮斯護理長的監督下，一切都得到了初步的改善，阿格妮斯的優異才能開始發揮作用了。

有些年老的婦女來探視住院的丈夫，她們都說，自從倫敦這群護士來了之後，貧民醫院大有起色。來此開展慈善工作的婦女們，也都很讚美阿格妮斯。所以有許多醫生要求更多的護士來支持，因為阿格妮斯的成果豐碩是有目共睹的。

特別值得一提的是，自從她們來到這之後，醫院所支出的經費比以前少多了。阿格妮斯說，這是因為請一些專職護士來照顧病人，既不浪費多餘的錢，又可以好好照顧他們。

以這個成果為背景，南丁格爾力促阿格妮斯發起修改有關法律的運動。因為，要改善貧民醫院中各種不良的習慣和情況，需要在新的財政管理政策下才可順利推行。為了實踐改革的工作，必須讓議會重新制定有關的法令。

雖然救治貧民本身無法主動修改法令，但南丁格爾認為並非毫無希望，她需要再度藉助查爾斯廳長的力量，因為目前倫敦方面提出的所有貧民醫院的調查結果所顯示的各種弊端，已經不能棄之不顧了。

首先要做的是，對於現有種種問題所引發的悲劇務必要改變觀念，不能視而不見。

「這些病人，不分男女老幼，管理的人都不把他們當作需要照護的人，反而視為一般貧民來欺負……」南丁格爾感到憤憤不平，她不能忍受草菅人命的管理方式，更反對那些不人道的處理方法。

她在改革草案中提到，要把一般病人、精神病人和絕症病人分到不同型別的病房，而不是雜處在一起。她還提議，在倫敦所有的醫療設施中，應該要以一個管理機關為中心統籌管理。

查爾斯廳長看過她的申請書之後，認為陳述中肯平實，提議也很周到確切，應該馬上採納，作為立法的根據。

但是好景不長，1866 年的春天，因為貧民醫院的改革案在議會中成為激烈而尖銳的爭論焦點，查爾斯怕失去政府的支持，就沒有將提案提出。6 月，查爾斯辭去了廳長的職位，由哈第接任，倫敦貧民醫院法沒有獲得立法就流產了。

10 月分，哈第廳長組織了一個委員會來調查有關貧民醫院的問題。這個委員會由衛生專家及醫療專家組成。調查事項中有關護理方面的疑問，哈第並未主動請教過南丁格爾，南丁格爾也礙於自尊，暫且不動聲色。

但後來委員會要求她提出意見書時，她馬上抓住機會，把貧民院、貧民醫院建築構造，院內裝置及護理的管理列為要點加以討論，還將意見書印刷妥善，附信寄給哈第。可是哈第並沒有和南丁格爾聯繫，以後也沒有找她參與的動向，以至於在次年的 2 月 8 日，哈第突然提出「倫敦救貧法」時，南丁格爾等人都大為吃驚。

南丁格爾她們都有一種受騙的感覺。而在法案中，對於病人護理的改革，並沒有什麼直接的規定，所以南丁格爾就更加不悅。不過，法案本身的確有些地方比過去進步了很多，南丁格爾雖然感到失望，卻並不感到痛苦，在法案透過之後，她反而有些高興。

「我們總算得到一點欣慰，因為 2000 名的精神病人和天花患者及孩子們都可以轉離貧民醫院。為了減少教會財政的負擔，病人所需的費用均由公費支出，而醫生、護理長及護士的薪水，由倫敦財政當局支付……為了這些病人，經由救貧廳的指令，還要再成立一個新的委員會，這的確是改革之始，不久之後相信應該會有更大的收穫。」

就這樣，又一場戰鬥結束了。南丁格爾得到休息的機會，然而她並不讓自己休息，從 1867 年 6 月開始，又繼續她的工作。在成立助產士培訓學校的時候，南丁格爾發現手邊沒有產婦死亡率的確實統計。因此在沙醫生的協助下，她開始統計數字的收集工作，而這些工作並非那麼輕而易舉。

有些醫生害怕祕密被公開，而將事實隱瞞；有的醫院及醫生甚至連各種數字的數據都不願提供。

1867 年的春天，勝利的訊息傳遍了利物浦，因為地區單位的護士急速擴張。利物浦分為 18 個地區，每個地區都各自擁有正規的護士。在利物浦貧民醫院，過去由威廉．拉斯明支持的新計劃所需的費用，現在正式由教區委員會負擔。

在阿格妮斯的領導下，貧民醫院的病房也有了新的面貌。這的確是勝利的情景，但隨著冬天的來臨，這幕情景也消失了。

1867 年的冬天，正是失業與貧窮夾攻人們的時候，阿格妮斯已經因工作繁重而筋疲力盡，但是病房的患者增加，工作量加大，早就超出她的能力所及。

寒冬來襲，阿格妮斯還有 1350 個病人要照護，為了爭取他們的生活必需品，她不停地奮鬥，凌晨 1 點還不能就寢，而天不亮又得起床。偏偏此時發疹傷寒開始流行，阿格妮斯自己染上重病，在 1868 年 2 月 19 日去世了。她在臨死前對南丁格爾說：「我好累好累！」她的死是一幕悲劇，因為沒有人能代替她。

由於護士及身負督導責任的護理長大量不足，所以必須由那些態度穩重、受過教育的女士來擔任。但在克里米亞戰爭時的教訓表明這是有困難的，那些曾經爭論不休的「有身分的女性」和「修女護士」，如今仍舊充滿憎恨與不滿。

南丁格爾卻認為，護士的工作不僅僅是洗衣打掃，不是任何階層的女性都能夠平等地接受護士訓練，那些自願奉獻自己的修女護士，在一般人心目中留下較深刻的印象，但是真正需要的是那些受過專業訓練、有能力的正規護士。

「得不到報酬又被要求奉獻自己發揮護士的能力，這實在是很不合理的！」她說，「如果要我去成立一個義務的修道院，不如叫我為可領到高薪的護士開一條路！我的原則是對於各種階級、宗派的護士，又具有必要的道德、知識及身體上能適應的所有女性，都應給予她們最好的訓練環境。受過訓練的人，毋庸置疑地可以升到督導者的地位，這不是因為她們有身分，而是因為她們受過專業訓練和教育！」

南丁格爾護士學校的護士，都是具有專業知識，有能力又受過教育的女性，卻也充滿了優越感。但是南丁格爾說：「不可原諒的自滿，正是我們護士的最大缺點！」

要引導激發新護士的熱情，也是件不容易的事。她們很容易變成熱情的俘虜，過於狂熱變得意氣用事，發生感情衝突；甚至有的因為宗教信仰的不同，加上過於狂熱，很容易互相爭執，這些都不是南丁格爾樂於見到的。

南丁格爾雖然對多項事情力圖改革，但她也盡量避免由此引起那些護士的不滿而心生反抗。對於那些反抗的護士，她也從不一味地責罵她們，而是從觀念上來糾正和改變她們。

進行這種教育在當時的英國是很艱難的。後來在 1869 年，她寫信勸導一位愛「造反」的護士說：「難道你以為，我是靠搗亂、作對、發脾氣成功的嗎？我曾被拒於醫院門外佇立在雪地裡，我在上級命令派遣下率領的護士隊卻遭冷遇、敵視和刁難，不發給我們口糧達 10 天之久。這些事情一經解決，第二天我就同製造了這些困難的官員和好如初。為了什麼？完全是為了我們所從事的事業。」

國際紅十字會的誕生

南丁格爾致力於貧民醫院改革，但最終還是宣告流產。這使得她悲傷不已，尤其是阿格妮斯的死，貧病交加中的人們最需要的救護者，自己卻先被死神帶走了。她又想起了在斯特卡裡的嚴冬裡死去的護士、醫生。這使南丁格爾痛感到，社會需要更多的合格的護士，必須有更多的人來創辦護士學校，她必須為此而做更多的事情。

從此以後，她不遺餘力地支持國內外的人士興辦護士學校、護士培訓班之類的計畫。她曾經堅持非常嚴格的辦學、入學標準，但她現在認識到這必將大大延緩護士的大批出現；因此改為主張在辦學之初可以適當放寬一些，而加強在辦學過程中的指導，促其逐步提高。

即使是在遙遠的國家裡，即使語言、信仰不同，即使她沒有受到提出指導、建議的邀請，只要她知道有人在辦護士學校，她也要主動與之聯繫，提供力所能及的幫助。她相信，只要有為病人著想這個共識，什麼障礙都可以打破，她願意為此而承受一切敵意和難堪。

觀念的轉變促使南丁格爾後來在拓展壯大護理事業方面採

取了更積極、更開放的態度，而這也的確大大促進、加快了她為之獻身的事業在全世界的普及與勝利。

從 1867 年 6 月開始，南丁格爾又著手進行產科護理的正規化、科學化研究。早在 1861 年年底成立助產士培訓學校時，南丁格爾就發現很難找到產婦死亡率的確切統計材料。

在貧民醫院改革告一段落之後，她便騰出一些精力來，在一個產科醫生的協助下開始蒐集有關的數據。這項工作進展得並不順利，有些醫生和醫院為了避免被追究醫療責任，故意隱瞞事實，持不合作態度，許多醫院竟連收住多少產婦及她們的姓名這種最一般的材料都拒絕提供。

但是，南丁格爾和她的協助者透過不辭勞苦的調查仍然了解到一些問題的真相：一些產科醫院裡的病人死亡率，竟然比產婦在自己家中生產，沒有衛生消毒裝置與助產婆情況下的死亡率還要高！這種驚人的惡劣狀況再也不能任其繼續下去了！

南丁格爾與協助她的醫生歷時 3 年，蒐集了大量個案和有說服力的病例，並在 1871 年整理出版，書名為「有關產科醫院的序言」，意為產科醫護應當結束其黑暗摸索時期。這本書問世後產生了很大轟動和影響。產科科學化的改革序幕由此而拉開。

19 世紀 60 年代，歐洲還有一個重要事件，即國際紅十字會的成立。這個紅十字會得到了南丁格爾的指導。但是由於她此時正在進行有關印度幾百萬人口公共衛生的試行辦法，因此她婉言拒絕了邀請。雖然如此，她仍然適時地提出意見，至於會中的各項活動，也都接受她的指導。

南丁格爾從野戰醫院的營運、工作人員的服裝和使用器具的設計，一切有關的具體問題都予以建議。她還寫信給陸軍當局的官員，並直接與志願兵晤談。另外，她還指導和監督補給物資的購進與運輸。

19 世紀 60 年代末期，義大利的統一戰爭演變為義大利與法國為一方、奧地利為另一方的大規模戰爭，其中最殘酷、激烈的戰役，是 1859 年 6 月發生在義大利北部的沙發利諾戰役。

當時，年僅 31 歲的瑞士銀行家、企業家與慈善家讓・亨利・杜南，正在北非的阿爾及利亞經營穀類加工廠。他為了擴大業務前往巴黎，恰在激戰之際途經沙發利諾，親眼見到了慘烈的戰爭場面。這場戰役中，交戰雙方共死傷 40000 餘人。戰場上屍橫遍野、血流成河，受傷士兵竟得不到任何救護。杜南立即終止旅行，充當起傷兵救護來。但個人的力量是微薄的。

杜南徹夜難眠，噩夢不斷，戰場上那些因得不到及時救治而瀕臨死亡的士兵們那驚恐的雙眼和悲號哀鳴在不停地刺激著他。這時候，克里米亞戰爭中南丁格爾提燈夜巡的形象在他頭腦中浮現出來，要是每個國家都有一個或多個南丁格爾該多好啊！可那怎麼可能呢！不可能？那就讓所有有志於學習南丁格爾的人都參加進來，成立一箇中立的戰場救護組織，對交戰雙方的傷員都給予及時救治吧！杜南的頭腦興奮起來。

事情只是說一說是很容易的，但要成立一個各國都承認和信任的、有影響力的國際組織，那就不容易了，何況還要令各國政府接受這樣一種理念，即只由交戰國派出救護人員救治本國傷兵是不夠的，應當允許中立的救護人員對雙方傷員都一視同仁地給予救治，那就更難了。

困難？難道比南丁格爾小姐一個弱女子面對強大的世俗和官僚、教會時的困難還大嗎？難道我就不能像南丁格爾小姐一樣，為挽救戰場上那些可憐士兵的生命儘自己的力量嗎？如果不是戰爭，他們和絕大多數人一樣是善良、快樂的人！杜南下定了決心。

為了向歐洲各國朝野人士宣揚自己的主張，1862 年，杜南出版了《沙發利諾回憶錄》，書中回顧了南丁格爾的戰地業績，並首次提出了「准許醫護人員進入戰地救治雙方傷員」的觀點，並對成立相應的國際救護組織也勾勒出基本輪廓。這本書很快傳遍歐洲大陸，引起了有識之士的重視和共鳴。

接著，杜南和志工又開始為籌建這一國際救護組織展開遊說與募捐的活動，他自己帶頭捐了很大一筆錢，各界人士也紛紛解囊相助。

1863 年 10 月 26 － 29 日，經過杜南與日內瓦公共福利會主席居．莫瓦尼埃等人的努力，在日內瓦舉行了有英、法、德、瑞士等 14 個國家的 18 位正式代表、18 位列席代表參加的國際會議，討論透過了《給戰場上傷病員以人道主義》的決議。

其要點為，傷患士兵不論國籍均一律加以救治；醫院及看護工作者應視為中立者而得到尊重，准許進入戰場，不得對其開槍射擊或加以阻撓。

為了表彰東道國瑞士為大會做出的貢獻，同時表示對瑞士人杜南的敬意，代表們一致同意以瑞士國旗的圖案和相反的顏色即白底紅十字作為戰地救護組織的標記。

在次年召開的第二次國際會議上，確定成立國際紅十字會。1869 年 8 月，在各國政府參加的日內瓦外交會議上透過了日內瓦國際條約，對國際紅十字會予以官方確認。就這樣一個看起來似乎不可能的計畫，在杜南和有識之士的奔走下，竟在短短的 10 年時間內完成了！

1872 年，倫敦紅十字會成立。在成立儀式上，杜南應邀發表演說。他激動地說：

大家都認為我是紅十字會與日內瓦協定的創始人。可是這個組織與協定的產生，事實上因為受到一位傑出的英國女性的強烈震撼和啟迪，那就是曾在克里米亞英勇奮戰的南丁格爾小姐……

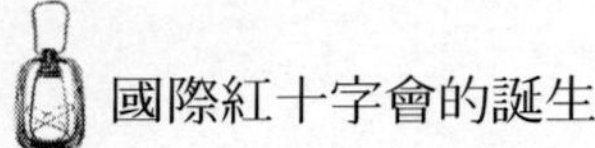

由此，杜南被人譽為「國際紅十字之父」。而南丁格爾則被譽為「國際紅十字之母」。

至愛雙親的去世

芬妮的晚年很是寂寞，這種情形，當然是她年輕時所無法預料的。本來，她和芭茲一直有很多的交往，母女相處得也非常融洽。芭茲在結了婚以後，便「改弦更張」，開始迷醉於她自己的生活裡，儼然是個道地的貴婦人。芬妮曾為長女的出嫁歡欣鼓舞，但是現在，由於沒有她做伴，自然感覺分外孤獨。

1866 年 8 月，威廉因事外出，南丁格爾便留在恩布利花園陪母親暫住。母女倆在這次團圓中起初也很親熱，畢竟是多年沒有很好地相處了。南丁格爾在致克拉克小姐的信中寫道：

母親現在處於孤單的狀態，我並不願意看到這一點。但是，幾天以來，我強烈地感覺到，我們之間能夠融洽而和諧地相處，我們每天在一起聊天、回憶過去的事情。有時候，她的關心和體貼令我非常感動。

1868 年夏天，南丁格爾遇到了難題。時任首相很有自己的一整套「思想體系」。他認為和平時期，應當大力發展經濟事業，而軍隊是一種「多餘」的組織機構，只是徒增開支，根本不符合社會發展的需求，因而，他並不支持為提高士兵的福利待遇而增加預算開支，包括醫療事業在內。

而此時南丁格爾自己的病依然存在，但並無惡化或死亡之虞，甚至可以說，這時的她是自克里米亞回國後的16年中最堅強的時候，也或許是她產生了隱退的念頭。

當她把自己的決定寫信告訴自己的朋友牛津大學的喬伊特教授時，喬伊特為此感到十分驚訝，並回信說：「你是一位享譽歐美的女性，是女王器重的摯友，又曾是政府顧問，如今卻想隱退在醫院的一般病房中，過著病人般刻板乏味的生活來度過你的餘生，乾涸而終，請你三思！」

一封好友的來信，一番誠懇的勸告，打消了南丁格爾的念頭，而此時，南丁格爾護士學校也產生了一些危機。由於南丁格爾分身乏術，沒有辦法完全集中心力於學校的事情，等到她回頭關照時，她發現原先建立的體制與規章已經逐漸在瓦解了，所以她有必要盡快重新組織學校加以改善。因此，她親自制定計劃並決心要將自己全部的生活奉獻給學校和醫院。

然而，在南丁格爾的一生中，似乎注定了每在有所決策之時，總有些阻礙。

1872年夏天，她必須返回老家。這個時候芬妮已是83歲，威廉77歲，都已是年邁多病，家業管理成了十分艱難的負擔。對此，南丁格爾不能不硬著頭皮面對。她感到，她無論如何不能迴避，命運注定她必須負擔起管家人的責任。這樣，在很多次類似的經歷之後，她又一次被迫陷入了家庭的樊籬。

父母只能依靠她，她是父母的女兒，她的責任，尤其是她的良心，不允許她把父母拋開不管。如同過去一樣，恩普利的生活帶給她很多歡樂，但同時又使她窒息。她是那樣敬業的一個人，因此，每當想到倫敦的工作任務正堆積如山，想到人類護理事業的全面發展還有很長的道路要走，她總是坐臥不安。

1872 年，她焦慮了一整個冬天。春天一來，她再也按捺不住了，無論如何一定要去倫敦，但她不得不帶著母親一起去。

一到倫敦，南丁格爾就埋首於護士學校的重建工作。首先要做的是加強護士技術的訓練，列出標準，並要求學生配合專任教官可洛夫所規定的讀書報告，接受不定期的檢查。數日之後，可洛夫向南丁格爾報告說，學生各項考試與過去相比，已有了顯著的進步。

另外，南丁格爾認為護士所受的訓練和教育是一體兩面，同等重要的，也可以說，前者是技術、知識的演練與學習，後者則是人格品行的培養。為了改進磨練人格的方法，南丁格爾採取了有效措施，增加了校長輔助者，輔助者既是學生的朋友，也是學校與學生之間的橋梁，並隨時鼓勵學生規範他們的言行。

但是，學校中各項教學的影響力，都比不上南丁格爾本身的影響力，她是學校一切排程的支配者。當學生結束了訓練後，南丁格爾都會與她們面談，也利用這個機會作學生個人的人格評估，並附在學科學考察試成績單上。

由於她再度如願以償地接觸了她熱愛的工作，她感覺自己正在又一次地充實起來。但到了6月底，年邁的芬妮突然病倒了，南丁格爾無奈，只好放下工作，又同母親一起回到恩普利花園。

然而，正所謂禍不單行。

1874年1月，父親威廉在樓梯上不慎滑倒，一句話也沒來得及說便去世了。南丁格爾嚎啕大哭。畢竟，在家人當中，她同父親感情最深，也只有父親最早理解了她。她愛父親，也感謝父親。威廉的去世，讓她感到無比悲痛。

父親的家產都遺留給了南丁格爾。母親芬妮因丈夫離去此時孤孤單單，更為不幸的是她已經雙目失明，每天活在黑暗之中，必須有人照顧。南丁格爾為了母親和瑣碎的家事，又搬回了恩普利。數週後，經不住母親的要求，她帶著母親回到伍斯特郡，結果一待就是6年。為了照顧母親，她不得不用盡自己的絕大部分時間。

此後的6年，南丁格爾只能從繁忙的家事中盡量抽出時間多做些工作，芬妮因年邁而神志不清，以至於形同「植物人」。

在這樣的情形下，姐姐芭茲和克拉克小姐都認為，南丁格爾不妨暫且脫身，沒必要作這種自我犧牲。僱人照顧芬妮也並沒有多少不合適。但南丁格爾卻不忍心把母親託付給陌生人。

孤苦無援的人一向會在南丁格爾心中激起仁愛的感情，更何況是自己的母親。儘管自己也已步入知天命之年，但她仍以畢生所學，精心護理已至痴呆境地的母親。

那段時間南丁格爾經常感到失意和良心不安，不能順心地工作，對她而言像是遭受了無情的失敗。她也常想念過去一起共事的朋友，那些支持她的同道人。如今想來她覺得自己的過去，甚至現在都在一點一點地消失了。

「我的朋友一個接著一個地離開人世，離開了我，如今只剩下我一個人……」

雖然如此，她仍然把南丁格爾護士學校的監督工作做得很好，只要一有機會來到倫敦，她一定會見學生或校友。在校學習的人，每個人都和她保持著密切的聯繫，她也常和畢業的護士通訊。很多學習期滿即將畢業的護士，都捨不得離開她。南丁格爾不允許她們在固定工作之外兼職。受過她督導的護士，也都進入她所推薦的醫院工作，後來還常接受南丁格爾的指教。

南丁格爾對待護士們都非常親切慈祥，她有時設宴招待學生，也有時差人送去大批的食物與鮮花給學生。當有的學生到了新的工作單位，她總不忘用鮮花去迎接；如有的學生生病了，她就做好特殊的食品送去；有的學生工作情緒或精神不好，她就出錢讓她們去散散心；她還準備了一間客房，供她們做客時使用。

她之所以表現得無微不至，就是要讓護士知道，南丁格爾永遠都在支持她們。她經常寫信告訴學生，護士的職業是神聖的，上帝時時刻刻都在眷顧著她們……這些點點滴滴的關愛，都已深深烙印在她們每一個人的心中。

南丁格爾的努力得到了回報，那些護士也一直領受著她的勉勵。在世上的每一個角落，都有護士來信稱呼她「親愛的老師」、「我所敬愛的恩師」、「我摯愛的朋友」……南丁格爾護士學校，已完全將南丁格爾個人的風格融入其中。

那些在外地或國外的護士回到倫敦，探視老師必不可免，南丁格爾為此專門準備了一間寬敞舒適的客房，開玩笑地稱為「鳥窩」或「袋鼠媽媽的袋子」。

1887 年是英國維多利亞女王登基 50 週年大慶。南丁格爾也把這一年看作是自己的大慶，因為這一年也正是「上帝的聲音」召喚她整整 50 週年。到這一年英國國內至少有 16 所醫院的院長都是南丁格爾護士學校的畢業生。

南丁格爾護理學校培訓出來的護理監督們還帶領護理師資

到了美國、德國、澳洲、斯里蘭卡、印度、瑞典、加拿大。在國外，按照這個學校的模範，又建立了 4 所這樣的學校。

可以說，南丁格爾已經成功地將科學、文明的護理工作從修女的義務中剝離出來，並將護士的工作從汙水溝一般低賤的地位提高到被社會尊重、認可的應有高度。這是對南丁格爾一生奮鬥的最好告慰。

從 1880 年起，南丁格爾就致力於地段護理工作，只因為缺乏經費，未能普遍推廣。這個難題後來由維多利亞女王親自解決了。女王把全國婦女作為「婦女節禮品」的捐贈資金的大部分撥給了南丁格爾，專門用於貧民家庭的護理工作。

「婦女節護士協會」成立了，這既是對女王登基 50 年的銘記，更是對南丁格爾風雨半個世紀的紀念。

但隨著年齡的不斷增大，生命的秋天正步步踏來。南丁格爾對許多事都已看得很開，抱著豁達的態度不再懊悔往事，也不再苛刻地追求完美，對一切身外之物都看得很淡，更多地享受著自己的生活。

天氣好又沒有客人來訪的日子，南丁格爾常常坐馬車到倫敦市區的公園裡兜風，或到郊野散心、漫步。馬車窗經常半掩著，她還是怕被人認出來。而在家中她也從過去不屑的瑣事中感到了樂趣。

她每天的工作分為兩大段：上午和前半夜。每天必有的兩大內容即寫信和記日記。回信給護士們，給遙遠的村莊裡的老兵回信，寫信給一切關心支持護理事業的熱心人。

1880 年 2 月 2 日，92 歲的芬妮結束了她的生命，平靜地離開了人世。南丁格爾的淚水從臉頰悄然滑落。她不免想到，多少年來和母親之間的絲絲絆絆，一直折磨著她的巨大衝突，隨著母親的辭世，終於畫上了句號。一切均已徹底成為過去，留下的只有無邊無盡的回憶。

她記得，許多年來她一直在進行努力，但也一直深為無法與芬妮和芭茲重修舊好而難過。她同樣記得，在芬妮生前的最後這幾年裡，她的心境早已釋然，她對母親和姐姐的恩怨漸漸消逝，已經變得溫和、豁然、寬宏和大度。

護士職業的不朽傳奇

南丁格爾 60 歲的時候，她開始擁有了安寧而溫馨的暮年。她與母親和姐姐之間的誤解在晚年得到冰釋。原先因為得不到她們的體諒，南丁格爾內心一直存在著怨怒。這個感覺擴大了與母親、姐姐之間的鴻溝。

然而，母親越來越老，漸漸地像個孩子，眼睛瞎了，行動也遲緩了；而芭茲的健康也是越來越壞，經常久病在床。對於生重病的人，南丁格爾總是深感憐憫，故而南丁格爾的不平之怨，也在不知不覺中消失於無形。這些內心的變化，使得她恢復了「慈祥」的個性，比以往更溫柔並且心存寬容。

她也不像過去那樣時常有失敗感：「我真的這麼一無所成嗎？為什麼非要這樣胡亂地指責自己呢……」更不再以悔恨的心情對過去的事情作無謂的感嘆，她知道自己還能做許多事情，必須勇敢地向前方看。

1884 年戈登救援隊被派到埃及時，政府委託南丁格爾推薦護士。她就親自考選了一批護士並簽訂合約。想到當年她曾到埃及旅行以擺脫苦悶，她感到那段痛苦的回憶彷彿是一場夢。

這批護士優異的工作表現，是大家有目共睹的。即使也有過與當地看護兵發生衝突或醫療用品補給中斷的事情，但當局仍然十分善待她們。

南丁格爾的身體慢慢好轉過來。但她的生活依舊以工作為重，時常工作到夜深人靜的時分。雖然有時她想到自己的生命已至遲暮，或是因感嘆老友一個個離開人世而自覺孤寂，但是她的生命之火始終在燃燒著。那火啊，不曾熄滅。

漸入老年的她已不像以前那樣容易發脾氣，也不像以前那樣嚴格甚至有點苛刻地追求完美。所有的慾望都已化作寬容的心。現在的南丁格爾，猶如沉浸在初春的陽光下愉快而自得。

1886 年，有議員提出一個提案。提案是關於受訓護士要給予公認的資格，並以確立的標準為依據頒發護士執照。全國醫院聯盟委員會主張邀請一些與任何護士學校均無關的人士組成考選委員會。經過考試合格後的護士，就核發執照並公布名單。

南丁格爾不贊成僅以考試來評斷是否合格，因為護士本身的人格條件也是極重要的一環。奉獻精神、親切、同情心……都是護士應具有的特質。但這一切又豈是一場考試可以裁定的。

另外，護士協會又有不同的意見。他們主張只要受過訓練的護士，就可以登記執照，而所謂的資格，即以在醫院中有 3 年的實際工作經驗為首要條件。後來護士協會還透過信奉基督教的公主向女王請求，要求發給特許執照，不過並未受到普遍的支持與認可。

這場紛紛擾擾的風波令南丁格爾無暇顧及，她的確是老了。雖然精神仍然很好，但她的世界卻越來越小。年老的她開始和近親們往來，保持一定的聯繫。

如果說南丁格爾的大半生受盡了苦難與折磨，那麼她的晚年生活可說是已獲得了補償。因為很少有人在晚年像她一樣幸福。

許多人敬她如敬神。始終有大臣官員、皇親國戚、政治家來向她討教，對她十分敬畏。對於全世界的女性而言，她是新時代與新希望的象徵。然而，她也有平凡的一面。雖然她一生都獨身，但她仍能與年輕人打成一片，並保持堅毅祥和的性格。

年老的南丁格爾，面容平靜自若，喜歡將日常的心事坦誠地與他人分享。詩人克拉夫的兒子，就曾經找她談論感情的事情。

她家中的布置令人難忘。花環繞著床，潔白、明亮、井然有序，親戚的孩子常說：「老婆婆，你家裡好清潔啊！」

是的，如果走進南丁格爾的居室，你立即會獲得一種整潔、明亮的印象。在她的臥室中，法國式的落地窗正對著陽臺。四壁潔白無瑕，窗明几淨，室內浴滿陽光。

尤其使人印象深刻的是，在落地窗前的花架上，一年四季都放滿了威廉·拉斯明送來的盛開著的鮮花。整個房間異乎尋常的優雅、清新。這樣的環境，不由得使你感覺精神飽滿。而窗外是樹木、花草和小鳥的鳴叫聲。夏天，陽光會透過樹葉的縫隙照在地上。斑駁的陰影，像起伏的人生，沉鬱地煥發著某種滄桑的氣息。

在這樣的時候，南丁格爾就可以站起身，到客廳裡接待客人了。在很多客人的印象裡，她身穿黑色絲絨長袍，圍一條白色圍巾，整個人顯得高貴、莊重。她經常自己動手做家務，還將一天之中客廳、臥室和廚房的固定工作列了一個工作進度表。

這段時間，她的工作除了諮詢、回信和記日記外，她又以重讀青少年時代喜愛的舊書為樂。她也興致勃勃地關心著 19 世紀後半期的醫學進展：細菌學、免疫學研究的進展；麻醉與消毒方法的進步；預防醫學的興起和精神病人的解放；X 光的發現與運用……思索著這些醫學成就與護理學的關係。

南丁格爾對物種起源學說、留聲機、電燈、電影等新的科學成果，也深感興趣，並且很自然地立即聯想到這些新科技必然會改善醫院的條件，有助於醫學數據、經驗的交流傳播。她還遺憾地發現她對中國、印度、阿拉伯等國家的傳統醫學接觸甚少。

在個性上變得寬容祥和之後，南丁格爾身體的外觀也有了改變。當年，她是那樣窈窕、輕盈、婀娜，高貴的氣質可以打動每個見到她的人；後來，光陰飛逝，便應了年齡不饒人那句庸俗不堪卻千真萬確的話。她成了形容憔悴的中年婦人，多年來的奔波與征戰，使她飽經憂患的臉上，在依稀可見年輕時的影子的同時，也漸漸多了些皺紋。而現在的她，是位富態的老婦人，臉上時常會顯出開朗的神情。

1889 年，91 歲的瑪依姑媽去世了。

1890 年的 5 月，姐姐芭茲去世。

1891 年，南丁格爾 71 歲時，在「小陸軍部」中與她共論大事的沙達蘭特博士也在 80 歲時去世了。「請多保重！」這是沙達蘭特留給南丁格爾的最後一句話。

1893 年，喬伊特教授也離開了人世。生前他在致南丁格爾的一封信中提到：「你所給予我的，我不知何以回報！我只能告訴你，在我後半世的生涯中，以結識你為我最高的榮耀。」

一年又一年的時光流逝，南丁格爾身受多重死別之苦。漸漸地她把自己關在家裡。自 1896 年以後她就一直沒有離開過倫敦的家。一生的剩餘時光，她都在自己的臥房中度過，她的意志力仍在，所以依然手不離工作。

陸軍當局不斷徵求她的意見，她還是頗具影響力的。她也一直和印度保持聯繫，致力於公共衛生的建設。由於她的深居簡出，一年一年有關她的誤傳越傳越廣。世人已將她的影像，如同偉人一樣烙印在心中，很多人都以為她已不在人世。

1897 年紀念維多利亞女王即位 60 週年，在一項「維多利亞女王時代展」中將展出南丁格爾的工作成就，主辦者請南丁格爾把女王繼位以來的看護法做成圖表公之於世，並且邀請她出任博覽會的主要委員，但南丁格爾毫無興趣地回答說：「到了這個年紀還要我去獻醜嗎？」

主辦者回答說：「不能這麼說，不但不是讓您獻醜，您那光榮的功績將是照耀人的太陽，請務必捧場。英國看護法的歷史是您始創的，要是沒有您的話，這個紀念博覽會也將毫無意義。」

南丁格爾最終還是被說服了，在這次博覽會中，她的一座胸像和她在克里米亞戰爭中所乘的馬車被展覽出來。有一位不知姓名的觀眾每天都在南丁格爾小姐的半身塑像前獻上一束鮮花。而那輛馬車雖然已經很破舊了卻是人們從克里米亞贖回來贈給南丁格爾的。

「這是天使乘坐過的馬車！」會場上有一位老兵，走到馬車跟前嚴肅地親吻它。這位老兵大概是忘不了過去在克里米亞戰場上，受到南丁格爾的種種恩惠吧！

這項展覽深深吸引了廣大觀眾。

青山夕照，斜暉依舊美麗，南丁格爾關心著與她交談的每一位青年。誰有什麼心事都願意找她訴說。克勞的幾個兒子都向她坦露了各自的愛情祕密，肖爾的女兒們也把各自的考試卷子拿給她審閱。她的博愛精神甚至越出自家牆垣，普照著周圍每一個人，包括街上的小販和警察。家中的事務南丁格爾樣樣操心，每個人的健康她都記掛在心上。

但薄暮的蔭翳依舊降臨。她漸漸失明瞭，但仍以不屈的精神展望著未來。

有一天，陪她同住的史蒂芬女士說起一個剛剛去世的人，史蒂芬說這個人操勞一生，這下總可以安息了。不料南丁格爾聽後立即坐了起來，很認真地說：「不，我相信，宇宙的運動是無窮的。」

1901 年，比南丁格爾大 1 歲的維多利亞女王去世了！她是最了解南丁格爾並且全力支持她的唯一同性好友。這位極力贊助她，為她解除困難的女王，卻在 81 歲時與南丁格爾永別了。

內心隱痛的南丁格爾翻閱當年的日記，在 1893 年 11 月 3 日，她寫道：「39 年前的今天，我帶著無限的祝福到斯卡特里，長久以來，我夢寐以求的事業終能如願以償。現在，環繞我的卻是憂傷和失意。神呀！我願搭上天國的船，隨您回航。」

1897 年 12 月 25 日是克里米亞巴拉克拉瓦戰役的紀念日，南丁格爾曾在那天為參加戰爭幸而生還的老兵們寫了一封信，信的結尾是這樣寫的：「不要厭惡人生，生命是神最偉大、最神聖的賜予，只要能依照神的旨意，行使神的使命，那麼不論是今生或來世，我們的生命都將散發出無限的光芒，願神祝福你們！」

這是南丁格爾的心聲和信念。此時，她漸趨衰竭的身體令她只能依靠身邊精明強幹、品格高尚的祕書和女傭人來協理日常事務。

始終放在床頭的紙和筆，現在已不見了。自從她無法再提筆後，便改用口述的方式，由祕書隨時筆錄。現在她連口述的能力都喪失了，因此只好完全停止她所熱愛的工作。

來自各地的信件，仍如雪片般紛飛，其中以士兵的信件最能使南丁格爾感到欣慰。

在她的眼睛尚能清晰地分辨事物時，她賞玩著花。1901年，她完全失明了，便請人讀報，告訴她世界大事。這些已成為她日常生活最快樂的享受。至於傳記類以及幽默有趣、豪情洋溢的敘事詩，也被她所熱愛，每當聽到高潮或精彩的地方，她都會情不自禁地鼓掌叫好。

但由於年事漸高，南丁格爾有時甚至喪失了時間和空間意識。1906 年，有關當局已不得不轉告印度事務局，不必再給南丁格爾小姐寄有關衛生工作的檔案了。她已經完全失去神志。

就在她已經完全超脫於人世間的歡樂與痛苦的時刻，各種榮耀接二連三地降臨到她頭上。1907 年，國際紅十字會年會透過了對南丁格爾表達崇高敬意的讚辭決議。

同年 11 月，英國國王愛德華七世授予南丁格爾榮譽勳章，這種勳章還是首次授予女性。勳章由國王的使者親自送到南丁格爾在倫敦的住所，當場舉行了簡短的頒贈儀式。南丁格爾倚靠著枕頭，勉強支撐著坐在床上接受了國王的讚譽。

這是她最後一次露面。

1910 年夏天，她的病情惡化了。在這最後的兩年多中，她大多處在半昏迷狀態。她的鬢髮似雪，皮膚依然潤澤，但日日夜夜，一動不動地躺在床上。

這是非常平靜的訣別。1910 年 8 月底，她的病情再度惡化，13 日午後，她開始進入昏睡狀態，到了下午 14 時 30 分，便與世長辭了。

臨終之前，她沒有留下一言半語，便悄然而安靜地去了！南丁格爾臨終沒有留下遺言，但她生前早已寫好遺囑。遺囑以她特有的耐心和細緻，詳盡地交代了遺物的分贈和處理事宜，對葬禮的說明卻比較簡單，主要是不要興師動眾，由祕書、護士、律師和一名牧師護送到墓地已經足夠，墓地上除了一個簡單樸素的十字架形墓碑外，不要再有任何紀念性的建築。墓碑上不留姓名，只刻寫姓名縮寫字母和生卒年分：N · F · 1820 年生，1910 年卒。

僅由三四個人送葬的遺言沒法遵守，因為自發前來送行的人太多了，綿延了好幾公里長。

其實，她立遺囑不僅這一次。當年，她在克里米亞患熱病的險境裡，也曾寫下一份遺囑，雖然那份遺囑不如她最後的遺囑詳盡、瑣碎，但或許更真實地反映了她的志趣，她在那份遺囑中寫道：

如果有來生，我仍願做一個照看病人和傷兵的護士！

南丁格爾走了，從人們的視線中永遠地消失了，但在人們的思想中卻永遠地活下來了，她是永垂不朽的護士。

附：年譜

- 1820 年 5 月 12 日出生於義大利佛羅倫斯。
- 1833 年，從父親和家庭教師處，接受外語、歷史、哲學、音樂、繪畫等教育。
- 1837 年 2 月 7 日，第一次聽到「神的召喚」。之後，一家人出發到法國、義大利、瑞士等國家，進行了一年半的旅行。
- 1838 年 5 月 24 日拜謁維多利亞女王。此時，她開始不滿自己的生活，過著憂鬱苦悶的日子。
- 1842 年，活躍於社交界，認識了理查・米爾恩斯，此人深愛著南丁格爾，後來向她求婚，但遭到拒絕。
- 1844 年，她認定自己的天職就是照顧病人，做一名天使。
- 1845 年，對家人表示自己決意做護士，卻受到強烈反對。後來就在使命感與家人反對的夾縫中痛苦掙扎。
- 1847 年，和賽麗娜夫婦到義大利旅行。
- 1851 年夏天，到凱薩沃茲學習了 3 個月的護理法。
- 1853 年 3 月，受人委託重建協助貧窮病婦委員會，並贏得了好評。

附：年譜

- 1854 年 3 月，英法在克里米亞參戰，陸軍長官史德尼·賀伯特邀請她組織、領導護士團。
- 1855 年 5 月，在帕拉庫拉瑪患了克里米亞熱病，病情十分危急。
- 1856 年 3 月 30 日，克里米亞戰爭結束。7 月 28 日，踏上次國之途。9 月，她向女王建議有關軍隊衛生狀況需要改善，後來也對陸軍及印度衛生的種種問題提出意見，終生都產生影響力。
- 1859 年，出版《家用護理手冊》，為家庭婦女提供一般的護理常識和簡易的護理方法。
- 1860 年 7 月，用「南丁格爾基金」成立護士學校。
- 1861 年，認識威廉·拉斯明，開始致力於貧民問題。
- 1865 年，派遣阿格妮斯為護理長，到利物浦貧民醫院。
- 1897 年，在紀念維多利亞女王即位 60 週年的展覽會中，展出了南丁格爾近半個世紀的工作成就，引起巨大的轟動。
- 1907 年，榮獲愛德華七世國王首次向婦女頒發的榮譽勳章。
- 1910 年 8 月 13 日，於倫敦去世，享年 90 歲。

電子書購買

爽讀 APP

國家圖書館出版品預行編目資料

現代護理之母南丁格爾：提燈天使，從搖籃到前線的愛與犧牲 / 鄧韻如，方士華 編著 . -- 第一版 . -- 臺北市：崧燁文化事業有限公司，2024.04

面；　公分

POD 版

ISBN 978-626-394-118-2(平裝)

1.CST: 南丁格爾 (Nightingale, Florence, 1820-1910) 2.CST: 傳記

784.18　113002971

現代護理之母南丁格爾：提燈天使，從搖籃到前線的愛與犧牲

臉書

編　　著：鄧韻如，方士華

發 行 人：黃振庭

出 版 者：崧燁文化事業有限公司

發 行 者：崧燁文化事業有限公司

E-mail：sonbookservice@gmail.com

粉 絲 頁：https://www.facebook.com/sonbookss/

網　　址：https://sonbook.net/

地　　址：台北市中正區重慶南路一段六十一號八樓 815 室

Rm. 815, 8F., No.61, Sec. 1, Chongqing S. Rd., Zhongzheng Dist., Taipei City 100, Taiwan

電　　話：(02) 2370-3310　　傳　　真：(02) 2388-1990

印　　刷：京峯數位服務有限公司

律師顧問：廣華律師事務所 張珮琦律師

定　　價：375 元

發行日期：2024 年 04 月第一版

◎本書以 POD 印製

Design Assets from Freepik.com